奢侈品品牌接受模型研究

| 周 杨 ⊙ 著

清华大学出版社
北京

本书封面贴有清华大学出版社防伪标签，无标签者不得销售。
版权所有，侵权必究。举报：010-62782989，beiqinquan@tup.tsinghua.edu.cn。

图书在版编目(CIP)数据

奢侈品品牌接受模型研究/周杨著.--北京：清华大学出版社，2025.1.
（清华汇智文库）.--ISBN 978-7-302-68000-0

I.F76

中国国家版本馆CIP数据核字第202527XB38号

责任编辑：吴　雷　朱晓瑞
封面设计：汉风唐韵
版式设计：文海容舟
责任校对：王荣静
责任印制：宋　林

出版发行：清华大学出版社
　　　网　　址：https://www.tup.com.cn，https://www.wqxuetang.com
　　　地　　址：北京清华大学学研大厦 A 座　邮　编：100084
　　　社 总 机：010-83470000　　　邮　购：010-62786544
　　　投稿与读者服务：010-62776969，c-service@tup.tsinghua.edu.cn
　　　质量反馈：010-62772015，zhiliang@tup.tsinghua.edu.cn
印 装 者：大厂回族自治县彩虹印刷有限公司
经　　销：全国新华书店
开　　本：170mm×230mm　　印　张：14.25　　字　数：201千字
版　　次：2025 年1月第1版　　印　次：2025年1月第1次印刷
定　　价：148.00元

产品编号：104212-01

序 Preface

周杨博士的著作《奢侈品品牌接受模型研究》一书就要出版了，她邀请我为之作序，我自欣然答应。从2001年进入我门下以来，周杨以优异的成绩获得了博士学位，而且在教书育人、社会实践、学术探讨等领域勤奋探索，颇令我自豪。她的博士论文经过数年的沉淀和进一步充实之后得以出版，这显然是我期待并乐见的。

中国无疑已经迈入品牌立国的新历史阶段。然而，品牌立国的坚实基础并不仅仅建立在国家层面推动的重大项目上，如卫星发射、高铁制造、工程建设、军工出口等，也不应仅仅体现在依靠国内市场独占地位而跻身世界500强的中国移动、中国电信、国家电力、中国石油、中国石化等企业上。真正的品牌立国之本，应当是在国际市场上经过充分竞争后，由消费者自主选择并广泛认可的大众消费品品牌。

细细审视中国大众消费品牌的国际化进程，可见其走得非常之艰辛，如海尔通过"走出去、走上去"的战略在国外市场的长期跋涉，如联想收购IBM的PC机业务的品牌借力，如奇瑞在中东与南美洲的中低端市场开拓，如波司登在海外的品牌店还寥寥可数，如小米手机在南亚市场上的表现起起伏伏……

而今，中国品牌的发展终于迎来了期待已久的春风：中央提出了"供给侧结构性改革"，提出了"品质革命、品牌强国"。显然，这为中国消费品牌的整体提升提供了战略支持与大环境的营造，这不仅仅是针对中国消费者需求侧结构的升级，更为中国消费品牌以品牌走向世界，而非以加工走出国门提供了国家层面的支撑。

在这"供给侧结构性改革""品牌强国"的春风里，周杨博士出版这本《奢侈品品牌接受模型研究》显然恰逢其时。周杨无疑是幸运的，这份幸运在很大程度上要归功于她长期以来的积累和耐心等待。

《奢侈品品牌接受模型研究》一书，首先从"需求·供给"的平衡配伍、对应升级中，对中国市场需求结构演进予以梳理，并在历史的演进中合理证实了"供给侧结构性改革"与"品牌强国、品质革命"的国家战略举措正逢其时。继而强调了中国"品牌强国"的本质乃在于品质保障与品牌引领。著作中，作者剖析了品质革命中的各类消费镜像，并对从国际而及国内的消费主义滥觞进行了反思与辩证性分析，在梳理出消费主义的表现特征、对中国影响的基础上，提炼出消费镜像中的品质内核，即把隐藏在消费主义思潮中的品质内核提炼出来，以成为消费取向的核心，其包含大众消费的性价比、品牌消费的品牌品质，并过渡到奢侈品品牌指代的奢侈产品之极致品质。

如此，国际奢侈品及其品牌接受分析就水到渠成地成为品牌强国、品质革命的坐标。著作中，作者从多角度对奢侈品品牌消费进行了审视，包括奢侈品品牌及其价值、奢侈品品牌的消费动机、奢侈品品牌的中国消费格局，并借助品牌消费接受的分析工具对奢侈品品牌接受实态进行了分析，对奢侈品品牌接受群体、接受元素、价值认同进行了逐一剖析，对奢侈品品牌接受与大众品牌接受比较。在如上分析基础上，作者创新性地构建了"奢侈品品牌接受模型"，认为奢侈品品牌接受模型为：品牌传播者（企业）通过融合性传播奢侈品品牌的四个品牌元素——物理元素、质量元素、文化元素、情感元素，将奢侈品品牌整体传播到达品牌接受者（消费者）；消费者在品牌接受过程中呈现出逐层接受的四维模型，对奢侈品品牌的实用价值、文化联想、品位认同、身份象征依次进行感知和接受。其中，实用价值维度是奢侈品品牌接受模型的基础，文化联想维度是核心，品位认同维度是关键，身份象征维度是归结。显然，该"四维透视性奢侈品品牌接受模型"具有很强的解释力与理论的启迪性。作者还进一步借助国际奢侈品品牌进行了该接受模型的案例验证。

当"四维透视性奢侈品品牌接受模型"通过研究论证得以成立，作者将其与中国品质革命的丰富实践进行了多层面的结合分析，提出了中国品质革命坐标正在于品牌接受四维度，即代表消费者需求升级的四个维度；供给侧的生产企业品质革命就需围绕四维度展开品牌定位、创新研发、质量管理、品牌传播。

作为一位学者，我总认为契合实践需要进行理论研究是基本的前提，但是能从中进行属于自己的理论构建则是一位学者的使命；若能将自己构建的理论投入实践中应用，并据此来教书育人，则无疑是一件幸福的事。据我所知，周杨正是在中国品牌实践的长期浸润中，形成了自己的研究领域，构建了属于自己的理论观点，并有机会在不同品牌的市场实践中予以运用检验，其理论思想与实践经验又有机地贯通于她所供职的华北电力大学的课堂教学中，使自己成为深受学生欢迎的老师。我想，周杨一定在这个"实践—理论—实践—教学"的良性循环中，体会到了一种事业的充实与自信、一种价值的升华与快乐！

在《奢侈品品牌接受模型研究》一书出版之际写下如上感悟，期望本书在中国正在深入开展的"品牌强国、品质革命"中，发挥其来自实践的理论作用，并给予我国正在进行品质升级，将中国品牌推向世界的企业界同仁以启迪。

是为序。

华中科技大学品牌传播研究中心主任、教授、博士生导师
舒咏平
于三亚·大东海

目 录

第一章　需求・供给与品质革命　　1
第一节　中国市场需求结构演进　　3
第二节　中国供给侧结构性改革　　23
第三节　需・供平衡与品质革命　　31

第二章　品质革命中的消费镜像　　44
第一节　消费主义的滥觞与反思　　44
第二节　消费主义的表现特征　　54
第三节　消费主义在中国的影响　　58
第四节　消费镜像中的品质内核　　68

第三章　奢侈品品牌消费的审视　　73
第一节　奢侈品品牌及其价值　　74
第二节　奢侈品品牌的消费动机　　90
第三节　奢侈品品牌的中国消费格局　　98
第四节　品牌消费接受的分析工具　　114

第四章　奢侈品品牌接受实态分析　　126
第一节　奢侈品品牌接受群体分析　　130
第二节　奢侈品品牌接受与大众品牌接受比较　　137
第三节　奢侈品品牌接受元素分析　　142
第四节　奢侈品品牌价值认同分析　　144

第五章　奢侈品品牌接受模型的构建 …… **147**

第一节　奢侈品品牌接受模型的构建 …… 147
第二节　四维透视性奢侈品品牌接受模型解析 …… 154
第三节　四维透视性奢侈品品牌接受模型的案例验证 …… 167
第四节　四维透视性奢侈品品牌接受模型的应用 …… 175

第六章　中国品牌强国、品质革命的实践 …… **187**

第一节　品牌强国、品质革命坐标：品牌接受四维度 …… 187
第二节　品质为本的实用价值 …… 195
第三节　经典时尚的文化联想 …… 200
第四节　圈层归属的品位认同 …… 205
第五节　至尊形象的身份象征 …… 210

第一章
需求·供给与品质革命

需求与供给是经济社会中相辅相成的两方面，在经济学中这是用于分析经济现象的一对基本概念。在解决各式各样现实中重要和有趣的经济问题时，需求与供给分析是一个基本的且有力的工具。

需求对应着社会中的消费方面，消费是因为需求而存在，而需求则通过供给来实现满足。马克思认为，消费作为产品被最终消灭的过程是生产得以存在的重要条件。消费使产品成为现实的产品，使生产得以最终实现，并为生产创造出新的需要，创造出生产的动力。没有消费，也就没有生产，因为，如果没有消费，生产就没有目的。[①] 比如，人的生存必然地产生对食物和水等营养物质的需求，这种需求促使了大米、面包、牛奶、饼干、方便面等商品的生产，人们通过在市场上购买这些商品来满足对于营养物质的需求。供给对应着社会中的生产方面，没有生产就没有供给，没有供给就无法满足需求。马克思认为，一定的生产决定一定的消费、分配、交换和这些不同要素相互间的一定关系。[②] 消费作用于生产，生产反作用于消费。举个例子来说，在社会条件只能达到生产台式电脑的时候，对笔记

---

① 马克思，恩格斯．马克思恩格斯全集．第46卷（上册）[M]．北京：人民出版社，1979：28-29．

② 马克思，恩格斯．马克思恩格斯全集．第46卷（上册）[M]．北京：人民出版社，1979：37．

本电脑的消费需求就不可能被满足；当社会条件提升到能够生产笔记本电脑的时候，人们对台式电脑的需求自然而然就下降了。

需求与供给的关系处在不断变化之中，当需求与供给达到平衡的状态时，生产与消费恰好匹配。但在市场经济下，这种稳定状态并不是常态，生产和需求能力都受到社会生产力发展条件、经济政策和信息不对称等因素的限制，供大于求或者供小于求的情况反而普遍存在。

凯恩斯认为，被古典经济学长期奉为信条的"萨伊定律"——供给自动创造需求——在现实中难以成立，需求在经济运动中并不总是被动的，总需求状况对总供给有显著的影响，进而提出了实施需求宏观管理，通过扩张需求来拉动经济增长的主张。自凯恩斯以后，各种经济理论和各国的经济实践虽然不尽相同，但大都倾向于将需求管理作为摆脱经济衰退或保持经济稳定的主要手段之一。中国的经济政策一直侧重于需求侧的改革，需求侧主要包括三个因素，就是大家熟悉的"三驾马车"——投资、出口和消费。这三个方面不振就会导致经济上出现增速下滑以及其他一些问题。

消费是经济增长中最基础、最稳定、最重要的一种需求。商务部披露的数据显示，2015年我国消费品市场规模首次超过30万亿元，消费对国民经济增长的贡献率提升至66.4%，创15年来新高，并且这一增长趋势还在继续。[①] 近些年，国家经济发展水平不断提高，这不仅体现在总量的增长，更具有特征意义的是发展过程中的社会经济结构的转变，其中消费需求结构的变动尤为突出。从微观的个人方面，我们能隐约或者明显地感受到在成长的过程中自身的消费需求结构所发生的改变。小时候吃饱穿暖就够了；后来想吃得好一点，穿得漂亮一点；再后来还想吃点新奇的、健康的，穿衣服也想买个牌子货；慢慢地长大之后，不仅在乎吃穿，手机、电脑等现代科技消费品都登上了消费清单，而且最好还是买某个品牌的。从供给方面来说，以当前社会的生产力条件，消费品的供给量已经大大超

---

① 兰兰."质"在必得[J].中国服饰，2016(4):24-25.

越了消费需求所需的量。但是,当前中国供需关系面临的是不可忽视的结构性失衡。"供需错位"成为阻挡中国经济持续增长的最大障碍:一方面,过剩产能已成为制约中国经济转型的一大包袱。另一方面,中国的供给体系,总体上是中低端产品过剩,高端产品供给不足。因此,国家提出要进行供给侧结构性改革,就是要从生产、供给端入手,调整供给结构,为真正启动内需,打造经济发展新动力寻求路径。

本章对新中国成立以来的市场需求结构演进进行回顾,按照其主要特征梳理其所经历的主要阶段,拨开遮盖在消费需求上那层神秘的面纱,探索当今社会环境下中国的市场需求结构的真实面目。此外,本章通过分析我国现有的供给结构,结合国家的政策方针,剖析了我国供给侧结构性改革的内容与思路。最后从供需关系的转向角度分析得出,我国的供给侧结构性改革的方向是进行品质革命。

第一节 中国市场需求结构演进

一、相关概念的界定

一些如今我们看来不言而喻的概念都是历史性的,并非具有永恒的同一内涵。每个历史时期有当时认识世界的知识水平,随着认识世界的范式的改变,某一概念即使能指没有变化,但是它的所指却往往发生了丰富的嬗变。比如"旅游"这个概念,现在我们对旅游的普遍理解是离开本地造访异地进行的游览、游玩活动,它相应地发展出"游客""旅游业""搞旅游""发展旅游"等概念,除了本身具有的文化内涵之外,在外延层面上更多的是在拓展它的经济意义。而在以往,这个概念表达的是中国传统的游历文化或者指"外侨和华侨进行的外交活动"。①因此，我们在对中国市场消费需求结构的演进进行阶段性的考察时，为避免因概念丰富的内涵造成混乱，必须首先明确我们现在所探讨的"消费"和"需求"的概念所指。

在中国，"消费"一词，汉朝就已出现，主要是"消磨、浪费"的意思。如王符《潜夫论·浮侈》："此等之俦，既不助长农工女，无有益于世，而坐食嘉谷，消费白日。"②唐宋时期，消费泛指"开销，耗费"，如唐姚合《答窦知言》诗："金玉日消费，好句长存存。"《宋书·恩悻传·徐爰》："比岁戎戍，仓库多虚，先事聚众，则消费粮粟，敌至仓卒，又无以相应。"③由此可见，"消费"一词在中国的内涵经历了从贬义色彩"浪费"到中性含义"耗费"的转变。在西方世界，14世纪英语中出现"消费"，带有"摧毁、用光、浪费、暴殄天物"等诸多贬义。随着社会生产力和生产关系的不断发展，消费成为社会中必不可少的环节，消费必须给生产提供动力支持。此时，消费的贬义色彩逐渐消解，成为与"生产"相对应的概念。正如马克思所言，消费与生产、交换、分配一样，是社会生产关系的四种主要形式之一。近代以来，消费转变为使用物品和享受服务。大多数人通过劳动获得作为工资的货币，然后以货币购买商品，获取产品和服务。现在《汉语大词典》中对消费的定义变为"为了生产和生活而消耗物质财富"，这一定义涵盖了生产消费和生活消费两个方面，是广义的消费。其中生产消费指的是生产资料在生产过程中的使用和消耗。我们在本书中所讨论的是狭义的消费，是生活消费，即"人们通过对各种劳动产品的使用和消耗，满足自己需要的行为和过程"。④比如，人们的生活离不开衣食住行，为维持正常生活，就会产生服装、食物、住房、交通工具等方面的消费。

"需求"是一个经济学术语，在日常使用过程中，人们有时会将其和

---

① 史甜甜，保继刚. 中文"旅游"一词产生及其对应概念的变迁[J]. 旅游科学：2015, 29(6)：81-91.
② 彭铎. 潜夫论笺校正[M]. 北京：中华书局，1985：127.
③ 沈约. 宋书[M]. 北京：中华书局，1997：2307.
④ 林白鹏. 消费经济辞典[M]. 北京：经济科学出版社，1991：1.

"需要"混淆。经济学中所说的需求（Demand）是指消费者在一定时期内在各种可能的价格水平下愿意而且能够购买的物品或劳务的数量。需求不同于需要。需要（Want或Need）是人们想要得到的物品和劳务，而需求则是人们有支付能力（Affordable）的需要。如果消费者对某种商品只有购买的欲望而没有购买的能力，这种欲望就不能被称为需求。需求必须是指既有购买欲望又有购买能力的有效需求。① 所以，尽管大多数的人都对名牌服装、高档别墅、名贵珠宝等有需要，但只对小部分非常富有的、有能力买得起这些高档品的人来说才是需求。

需求又有个人需求和市场需求之分。个人需求是指单个消费者对于某商品每一可能的价格愿意并能购买的数量。市场需求是指对市场上某一商品所有的个人需求的加总，说得具体一些，即把市场上与每一可能的价格相对应的每个人的需求加总的结果。② 每一个消费者的个人需求都不可避免地汇总到市场需求中，因此市场需求受到个人需求的影响。而个人需求受到社会经济的发展状况和体制改革的影响。比如，在计划经济体制时期，国家实行重工业优先发展战略，农业和轻工业的生产供给很少，人们的工资水平又长期保持低水平不变，便很难产生对日用工业品的消费需求。在这种环境下，即使对个人需求汇总，也难以产生足够的有效市场需求。因此，我们对需求的讨论不可能建立在空中楼阁之上，仅考虑消费者的需求是不切实际的，必须考虑到当时社会条件下国家的经济体制、社会生产力、生产供给的质和量以及人们的收入水平等因素。

消费结构是经济结构的重要组成部分。消费结构反映人们消费的具体内容，反映消费水平和消费质量，反映人们消费需求的满足情况。具体是指各类消费支出（包括消费品和服务的支出）在总消费支出中所占的比重及其相互关系。它是一个具有多层次、多角度规定的经济范畴，从不同的层次和角度可得到不同的消费结构的划分标准。按消费需求的不同层次，

---

① 黄建宏.微观经济学[M].武汉：华中科技大学出版社，2009:21.
② 贾辉艳.微观经济学原理[M].北京：北京大学出版社，2010:37.

可将消费划分为生存性消费、发展性消费和享受性消费。按消费品的耐用程度不同，可划分为耐用消费品和非耐用消费品。按消费的社会功能不同，可划分为生理的消费和社会的消费。在实际生活和统计工作中，最常用的划分标准是按照消费对象的不同，将消费分为吃、穿、用、住、行等几大类，在各大类内部又可具体细分为食物构成、衣着构成、用品构成等。其中用于食物方面的消费支出，属于最基本的层次，它是劳动者维持基本生存最首要的物质条件。[①] 恩格尔系数是衡量消费结构的一个重要指标，它是19世纪德国统计学家恩格尔发现的一个规律，用来表示食品支出总额占个人消费支出总额的比重。家庭收入越少，家庭收入中用来购买食物的支出所占的比例就越大；随着家庭收入的增加，家庭收入中用来购买食物的支出比例则会下降。

二、中国市场需求结构演进过程

自新中国成立到今天，中国的经济体制、社会发展环境以及生产力水平等都经历了几次重大的改革。20世纪50年代初中国实施第一个五年计划，集中力量进行工业建设和对生产资料私有制进行社会主义改造。1978年，中国共产党十一届三中全会胜利召开，决定将全党的工作重点转移到经济建设上来，实施改革开放的新决策，启动农村改革的新进程。1985年，以企业改革为重心的城市经济体制改革，在财政、金融、外贸、商业、工资、价格等领域广泛地引入市场运行机制，推开了经济体制的全面改革。1992年，中国共产党第十四次全国代表大会正式确立"我国经济体制改革的目标是建立社会主义市场经济体制"。2001年，中国正式加入世界贸易组织，融入经济全球化的浪潮中。这些改革明显地影响着中国的产业结构、市场供给结构、人们的工资收入水平等，而这些因素不可避免地深刻改变着中国市场消费需求结构，使中国市场消费需求结构呈现阶段性演变的特征。

---

① 张东刚. 近代中国消费需求结构变动的宏观分析[J]. 中国经济史研究，2001(1):21-34.

（一）只求果腹穿暖，消耗同质商品

新中国成立伊始，百废待兴。经过了数年的革命战争，我国面临的是一个在各方面都遭受了战争的破坏，满目疮痍的局面。同时国际上仍处于二战之后两极格局对峙的激烈时期。因此在新中国成立之初，我国面临的首要任务是重建或者恢复一个较为完整的工业化体系，所以重工业优先发展成为当时的战略目标。周恩来在第一届全国人大第一次会议上所作的《政府工作报告》中指出，"第一个五年计划的方针是大家已经知道的，这就是：集中主要力量发展重工业，建立国家工业化和国防现代化的基础……第一个五年计划所以要集中主要力量发展重工业，即冶金工业、燃料工业、动力工业、机械制造工业和化学工业，这是因为只有依靠重工业，才能保证整个工业的发展，才能保证现代化农业和现代化交通运输业的发展，才能保证现代化国防力量的发展，并且归根结底，也只有依靠重工业，才能保证人民的物质生活和文化生活的不断提高。"重工业是资本密集型产业，所耗物质资源较多，因此农业和轻工业发展受到抑制。而且，在新中国成立之初，中国工农业生产在战争年代都遭到严重破坏，导致各类消费品的供应严重不足。所以，为了满足全国人民的基本生活需要，在"一五"计划推进的过程中，我国也逐渐走上了计划经济体制的轨道。

计划经济体制下，国家控制着大部分的资源，对一切紧缺产品实行计划供应，执行严格的配给供应制，排除市场竞争。在计划经济体制下，人们的消费指的是对所能获得（通常是计划供应）的用于满足需要的产品份额的使用或消耗。与此相关，消费品通常是指由国家计划供应的用于满足基本需要的产品。[①] 消费者则是凭票证按照国家计划价格购买产品，并对这些产品进行使用或消耗的居民。

人是铁，饭是钢，要活下去，人首先得吃饭。在当时粮食紧缺状况下，人要像今天这样随意吃喝是不可能的。国家对粮食统购统销，发行粮票，

---

① 王宁. 从苦行者社会到消费者社会[M]. 北京：社会科学文献出版社，2009:36.

对城镇居民每月定量供给口粮。上海一般职工每月定额 29 斤大米，供给一个人一个月的生活已十分艰难，所以那时人们很怕家里来亲戚，一般去别人家做客都要带着自己的粮票，去外地出差要带上全国粮票。为了维持一个月的生活，家里更是分毫不差地计算着每顿饭的粮食。1952 年平均每人粮食消费量仅为 197.67 公斤、食用植物油 2.1 公斤、家禽 0.43 公斤、鲜蛋 1.02 公斤、食糖 0.91 公斤。① 一直到 1978 年，城镇居民家庭的恩格尔系数都在 57.5% 之上，农村居民家庭则高达 67.7% 之上。② 可见，当时食品在人们的消费需求结构中占据着最重要的地位。为了解决吃饭问题，国家被迫挤掉其他农产品生产，力图扩大粮食生产，这又加剧了棉、油、糖、菜、果及其他副食品供应的紧张，而粮食紧缺，又影响到生猪、家禽、鲜蛋、奶等的生产供应。

"吃饭难"是新中国成立初期到改革开放初期这段时间人们消费生活的主要问题，饮食消费成为生活消费的主要内容。

在计划经济时期，票证制度几乎涵盖了所有消费品，包括布匹、棉花、肥皂、纸张、锅、碗、瓢、盆、筷子、手表等。人们一年只有定量的几尺布票，所以很少有新衣服可穿。在穿衣方面只求防寒遮体，而不求款式，所谓"新三年，旧三年，缝缝补补又三年"便是对这一时期人们消费生活的真实写照。王宁在《从苦行者社会到消费者社会》一书中列举了他对经历这个时代的人的采访："当时还有什么选择可以说啊？个个都穿得一样。当时服装方面根本没得计较，上下班都是一个样的。颜色方面都是灰色，或深灰。""服装则是非常单一，人人穿的都差不多，有时候甚至分不清男女。大家都穿中山装或者海军装。当时每年每人只能够拿到一套外衣的布票。"

在日用品消费方面，人们尽可能节俭，能自己动手做的尽量不花钱去买。使用寿命成为评价商品质量的一个重要指标。商品是否牢固、经久耐

---

① 国家统计局. 中国统计年鉴 [M]. 北京：中国统计出版社, 1981：439.
② 国家统计局国民经济综合统计司. 新中国六十年统计资料汇编 1949—2008[M]. 北京：中国统计出版社, 2010：25.

用成为判断商品好坏的最主要的标准,而款式、外观则显得次要一些。人们消费的主要是基本的生存资料,而像手表、自行车、收音机、缝纫机等所谓的"高档消费品"则很少有居民有能力购买。

生产力低,供给量不足,人们的收入长期维持在较低水平导致大多数人的消费普遍维持在生理性需求层次上。除此之外,人们的消费生活还带有浓厚的意识形态色彩,这就更进一步压抑了人们的消费需求。喜吃、好穿、爱美和打扮等被认为是小资产阶级"腐朽思想"的反映。"那时候不说穿得比别人好,就是穿得比较合身、得体都不行。说是资产阶级思想,要批斗的。穿有补丁的衣服就没什么事,你穿一件的确良的衣服都会有人说你资产阶级思想。""当时如果有人穿着奇装异服,他在政治上、组织上就会遭到批评甚至嘲讽,被人们排斥。"[①] 穿着旗袍和其他被视为"资产阶级生活作风"的服饰也遭到了批判。有的单位,淋浴室甚至洗衣间都被认为是过分迎合个人需要而被拆除。各项娱乐活动,像跳舞、郊游等也被批判。因此人们的消费只能是对同质商品的消耗,人们过着清一色的贫乏日子,既无财力追求时髦生活,也不敢在消费方式上搞特殊,个性化消费更是奢谈。

总的来说,从新中国成立到改革开放之前,人们的消费生活一般停留在生存性消费模式上。消费结构的特征是只求果腹保暖,消耗同质商品。人们倾向于认为生活的富足等同于物质消费资料的满足,忽视了精神生活消费的需求。

(二)商品逐渐丰富,消费开始分层

1978年中国共产党十一届三中全会召开,从根本上确立了我国宏观经济发展战略的转型,在深入调查研究的基础上,通过对生产关系的调整及各生产要素的重新配置,由重点发展工业尤其是重工业转向首先保证农业和轻工业的发展。会议十分鲜明地指出,社会主义生产的目的是在生产

[①] 王宁. 从苦行者社会到消费者社会[M]. 北京:社会科学文献出版社,2009:170-171.

发展的基础上，不断满足人民群众日益增长的物质和文化生活需要，让广大人民群众在改革和发展中得到更多的实惠。邓小平在1979年指出："'四人帮'提出宁要穷的社会主义，不要富的资本主义，社会主义如果老是穷的，它就站不住。"① 邓小平还说："我们革命的目的就是解放生产力，发展生产力。离开了生产力的发展、国家的富强、人民生活的改善，革命就是空的。"② 自此，人们生活的改善成为改革的目标和是否成功的标准。人们生活的改善实际上指的就是人们的消费需求得到满足，不再受到极度的压抑。这之后，中国大地，从城市到农村，实现了一场翻天覆地、举世瞩目的历史性大变革。中国经济迅速发展，社会生活大步前进，城乡居民消费需求总量大幅度增长，需求对象极大拓宽，消费结构不断进步，极大拓展和变革了人们的消费生活方式。

改革开放以后，消费品逐渐摆脱了国家计划供应的约束，成为由市场供应、按市场价格出售的产品和服务。人们逐渐可以自由地在市场上购买自己需要的商品，真正担当了"消费者"的角色。在消费品工业生产方面，政府制定了着重发展日用消费品生产的方针，并采取了一系列具体措施，轻工业有了大幅度增长。日用百货花色品种增多，质量提高，市场比前几年有了很大的变化。日用消费品生产连续几年大幅度增长，对于满足城乡人民的需求起到了重大的作用。在增加城乡居民收入方面，国家也作出了大幅的改革和调整。在农村，国家提高农副产品收购价格、减轻部分地区的农村税收负担，相应增加了农民的收入；在城镇，政府积极安排就业，并提高职工工资和实行奖励制度，不再像改革之前那样长期遵循平均主义和只给予职工荣誉奖励，这些措施使得城乡居民的收入都有了实质性的提升。当社会消费品供给增加，人们手里有了积蓄，市场也开放了，商品可以自由流通和交易，社会的消费需求便迅速增长。

---

① 邓小平. 思想路线政治路线的实现要靠组织路线来保证（1979年7月29日）[M]// 邓小平文选：第二卷. 北京：人民出版社，1994:191.

② 邓小平. 社会主义也可以搞市场经济(1979年11月26日)[M]// 邓小平文选第二卷. 北京：人民出版社，1994:231.

第一章

需求·供给与品质革命

20世纪80年代初,全国农村地区推广实行"家庭联产承包责任制",确保农户在完成向国家上缴农业税、统购和派购任务以及上交集体提留之后,剩余产品全部归农户自己所得。这一制度极大地调动了农民的生产积极性,除了粮食产量大幅增加之外,棉花、油料、牧业和渔业等农副产品产量也大幅增加。长期得不到解决的粮食和农副产品短缺问题,从根本上得到解决。相应地,城乡居民的食品消费结构也发生了根本性的变化。从1978年到1992年间,人们的粮食年平均消费量呈现先递增后递减的规律,从195.46公斤持续增长到1986年的252.67公斤,然而此后一直递减到1992年的235.91公斤;人们在食用植物油、猪肉、家禽、鲜蛋、食糖等方面的消费量都得到了增加。[1]城镇居民的恩格尔系数从1978年的57.5%下降到53%,农村居民的恩格尔系数从1978年的67.7%下降到1992年的57.6%。[2]恩格尔系数都降到了60%以下,中国步入温饱型社会。可见,虽然食品消费仍在居民消费需求结构中占大部分比重,但是除了粮食之外,副食品也在人们的餐桌上占有了一席之地。城镇居民的餐桌上品种日渐丰富,蔬菜、瓜果、荤菜、蛋品渐渐成为常客。细粮代替粗粮,成为餐桌上的主角。冬天也可以买到相对便宜的蔬菜,很多家庭开始随吃随买。

改革开放之后,人们对衣着的需求也经历了一场思想解放。1983年新华社发布了一条消息《服装样式宜解放》,文章说:"服装应该解放些,要提倡男同志穿西服,穿两用衫,女同志穿旗袍、西服裙子,服装款式要大方,富有民族特色,符合中国人的习惯。"穿暖不再是对衣着的唯一需求,人们对服饰的审美性有了要求。在改革开放之前,人们主要是用布票买布料,自己做衣服,或者找裁缝做,因此大家穿得千篇一律。从20世纪80年代开始,随着生活水平的提高,款式多样、设计漂亮的成衣时装逐渐走进千家万户,满足着人们不断提高的衣着需求。社会上也掀起了一波一波

---

[1] 国家统计局. 中国统计年鉴[M]. 北京:中国统计出版社,1994:257.
[2] 国家统计局国民经济综合统计司. 新中国六十年统计资料汇编1949—2008[M]. 北京:中国统计出版社,2010:25.

的时尚潮流，比如20世纪80年代初，牛仔裤随着西方文化一起登陆中国，最先受到学生和工人的欢迎，接着普遍流行开来。当时在大街上穿着阔腿牛仔裤，骑着"永久"自行车，吸引的回头率绝不亚于今天在路上开宝马车。同时广为流行的还有健美裤，由于其方便活动、舒适自由，很受欢迎，几乎所有的女性都有一条或者几条这样的裤子，红的、黑的、绿的、蓝的，色彩斑斓。有人甚至称健美裤最早唤醒了中国女性的审美和独立意识。[①]另外，当时受欢迎的国外影片中经常出现风衣，穿着者英姿勃发、优雅迷人。因此20世纪80年代初，风衣在中国流行起来，受到男女老少的追捧。

这一时期社会上出现了一个新的需求点，就是耐用消费品。从1979年到20世纪90年代初，人们对缝纫机、自行车、收音机、手表、黑白电视机这些第一波在中国流行的商品产生了强烈的需求，这些需求逐渐被满足。1980年底，乡村耐用消费品每百人拥有量数据显示：缝纫机3.2架、自行车5.6辆、手表5.8块、收音机8.1台、电视机0.3台；而城镇这一指标数据为：缝纫机11.2台、自行车27.9辆、手表44.4块、收音机29.6台、电视机3.5台。[②]从这个数据可以看出，20世纪80年代初不管在城镇还是农村，耐用消费品的普及率都很低，但是城镇的数据明显比农村的高一些，表现出显著的城乡二元结构特征。这也是之后几十年内，农村和城镇在消费需求结构上一直都存在的问题。因为耐用消费品刚出现在市场上时价格非常高，有的家庭甚至要攒一年的钱买一辆"凤凰牌"自行车，所以城镇高收入家庭总是第一批购买最新耐用消费品的消费者，随后购买需求再向较低收入的家庭以及农村地区扩散。

1992年，农村家庭平均每百户耐用消费品拥有量中，缝纫机有57.31架、自行车125.66辆、手表164.94块、收音机31.95台、黑白电视机52.44台；[③]城镇的这一指标数据为：缝纫机65.92架、自行车

---

① 秦方. 20世纪50年代以来中国服饰变迁研究 [D]. 西北大学，2004.
② 国家统计局. 中国统计年鉴 [M]. 北京：中国统计出版社，1981：440.
③ 国家统计局. 中国统计年鉴 [M]. 北京：中国统计出版社，1993：320.

190.48 辆、手表 271.36 块。这说明，到 20 世纪 90 年代初期，第一波耐用消费品在农村和城镇都得到了广泛的普及。收音机在 1992 年已经从城镇耐用消费品统计指标中撤掉了，代之以普通收录机和立体收录机，这说明到这一时期，收音机在城镇居民消费结构中已经不再占据重要地位。城镇的黑白电视机拥有量从 1985 年的平均每百户家庭拥有 66.86 台降低到 37.71 台，这是因为城镇对彩色电视机的需求一直持续增加，从 1985 年的 17.21 台增加到 1992 年的 74.87 台。这一年，城镇的洗衣机平均每百户拥有量达到 83.42 台、电冰箱达到 52.60 台。① 在农村，彩色电视机、电冰箱和洗衣机的每百户拥有量还都在 10 台以下，普及率非常低。从这些统计数据可以看出，20 世纪 90 年代初，在城镇，缝纫机、自行车、手表、收音机、黑白电视机这些第一代耐用消费品的市场消费需求基本被满足，人们"用"的消费热点开始向洗衣机、彩电、冰箱和录音机这些第二代耐用消费品转移。农村还在追求第一代耐用消费品的过程中，刚刚开始对第二代耐用消费品产生消费需求。从全国家电的工业产值可以看出全国市场对这些产品的需求之强烈：1980 年，全国家电工业产值仅 8.6 亿元，到 1992 年猛增 43 倍，达 382.1 亿元。其中冰箱、洗衣机、电扇、空调器分别增长 126 倍、28 倍、7.7 倍、114 倍。②

总体来说，从 1978 年改革开放到 20 世纪 90 年代初期，社会经济政策和生产条件已经发生了极大的转变，市场经济代替了计划经济，逐渐创造了相对自由的消费环境，人们成了真正意义上的"消费者"。消费品供给从极度短缺到日渐丰富，社会上开始出现可供人们消费的副食品、时装、各种耐用消费品等。伴随着各种商品逐渐丰富，消费开始分层，满足生活方方面面的需求。这一时期，人们的消费需求结构发生了翻天覆地的变化。

---

① 国家统计局. 中国统计年鉴[M]. 北京：中国统计出版社，1993：289.
② 景伯平，吴黔斌. 中国的"消费革命"[J]. 党的生活，1994(10).

(三)注重更新换代,追求符号价值

自 1978 年中国共产党十一届三中全会开始,中国进入改革开放时期,经过 14 年的发展,到 1992 年,我国改革开放和现代化建设取得了举世瞩目的成就,现代化建设的第一步战略目标已经实现,国家经济实力显著增强,城乡人民的生活明显改善。14 年间,我国国内生产总值和城乡居民收入翻了一番还多,成为新中国成立以来国家经济实力增长最快、人民得到实惠最多的时期。20 世纪 90 年代初的中国处在社会主义改革开放、社会主义现代化道路与模式探索不进则退的临界点上,处在选择前进方向的十字路口上。在这关键时刻,1992 年初,邓小平先后到武昌、深圳、珠海、上海等地视察,针对人们思想中普遍存在的疑虑,重申了深化改革、加速发展的必要性和重要性。"南方谈话"把我国的改革开放和社会主义现代化建设推进到一个新的发展阶段。1992 年 10 月,中国共产党第十四次全国代表大会召开,总结十一届三中全会以来的实践经验,确定今后一个时期的战略部署,第一次明确提出建设社会主义市场经济体制的模式,把社会主义基本制度和市场经济结合起来,建立社会主义市场经济体制,加快改革开放步伐,把经济建设搞上去。从这一年到 2001 年中国加入世界贸易组织(WTO),中国经济发展进入第二个高速发展时期,人们的生活日新月异,消费需求结构出现了新的转向。

从 1992 年到 2001 年,农村居民家庭年人均纯收入从 784 元增长到 2366.4 元;恩格尔系数从 57.6% 下降到 47.7%。城镇居民家庭年人均可支配收入从 2026.6 元增长到 6859.6 元;恩格尔系数从 52.9% 下降到 37.9%。① 由此可见,城乡居民的收入水平都翻了三番左右,居民的消费结构发生了重大的转变,食品在消费总支出中所占比重大幅下降。

食品供给呈现一派"乱花渐欲迷人眼"的景象:不仅有各种新鲜蔬菜、肉类、蛋品,牛奶和新鲜瓜果也成为健康饮食的代言,在一些东部沿海富

---

① 国家统计局. 中国统计年鉴 [M]. 北京:中国统计出版社,2002:320.

裕地区还有各类海鲜供应,山珍海味飞入寻常百姓家。人们追求的不仅仅是吃饱,还要吃得痛快、吃得开心、吃得有营养。日常饮食也讲究荤素搭配,营养均衡。逢年过节更是做一大桌子菜,痛痛快快吃一顿。

  除了在家里自己动手做,人们还开始外出就餐获得饮食的快乐和享受。大街小巷里南方北方菜系的菜馆开得到处都是,省去自己买菜做饭的工夫,出去饱餐一顿美食,人们感觉更加快乐。生活好了,人们的胃也变得"洋气"起来,不仅可以吃中餐,还有了"洋快餐"可以选择。肯德基和麦当劳相继在中国一线城市落了脚。1992年4月,北京王府井麦当劳餐厅开张,成为当时麦当劳在全世界面积最大的餐厅,日销1.5万份洋快餐。麦当劳在广州第一家餐厅开张的时候创造了麦当劳历史上的最高销售纪录。南京夫子庙麦当劳餐厅开张时创造了麦当劳历史上最高的每笔交易平均消费额。可见,人们的消费欲望一旦挣脱缰锁的束缚,便即刻奔腾起来。

  按照孙立平教授的说法,自20世纪90年代以来,中国社会正在进入一个新的时代,面临着新的社会转型的任务。这个时代的显著标志是耐用消费品的生产和消费开始成为人们日常生活的主要内容,而生活必需品的生产和消费则退居次要的地位。① 以洗衣机、彩电、冰箱和录音机为代表的第二代耐用消费品在人们的家庭生活中已经得到普及,新型的家用电器如雨后春笋一般在市场上出现。人们来不及反应,CD机、VCD机、LCD机、功放、音响、空调、DVD机、家用电话、家用电脑等耐用消费品就冒了出来。原来花了大价钱买的被视若珍宝的家电也很快遭到了淘汰,小型彩电换成18英寸、21英寸、24英寸的大彩电,模拟信号电视变成数字信号电视;单缸洗衣机换成了双缸洗衣机,又很快换成了全自动洗衣机;录音机也随着VCD机的出现失去了往日的风采。大彩电+VCD机组成的家庭影院和"卡拉OK"风靡全国。1998年出现的DVD机画面更清晰、音效更立体,很快终结了VCD机时代。在移动通信工具方面,人们的需

---

① 郑红娥. 社会转型与消费革命[M]. 北京:北京大学出版社, 2006:10.

求也发生着日新月异的变化，从90年代初流行开来的BP机，到后来的"大哥大"，再到90年代末小巧玲珑的手机。人们的消费生活真可谓是"苟日新，日日新，又日新"。

　　20世纪90年代之后，市场经济发展稳健，人们的经济条件不断好转，这为不断膨胀的消费需求奠定了基础。同时，从心理学角度上讲，人们的消费需求也必然会不断升级演变。马斯洛需求层次理论指出，人的需求是像阶梯一样不断由低到高增长的，像金字塔一样，从底层到高层分别是生理需求、安全需求、社交需求、尊重需求和自我实现需求。当人们的基本生理需求得到满足之后，便开始追求心理层面的满足，渴望在社交圈获得优越地位，彰显自我，希望被承认等。基本生理需求有终点，吃饱穿暖足矣，而心理需求却永无终点。中国清代胡澹庵编辑的《解人颐》收录了一首名为《不知足》的诗，写道："终日奔波只为饥，方才一饱便思衣。衣食两般皆具足，又想娇容美貌妻。娶得美妻生下子，恨无田地少根基。买到田园多广阔，出入无船少马骑。槽头扣了骡和马，叹无官职被人欺。县丞主簿还嫌小，又要朝中挂紫衣。作了皇帝求仙术，更想登天跨鹤飞。若要世人心里足，除是南柯一梦西。"这首诗用通俗的语言表达了人的欲望是多么难以满足。

　　这种心理的需求催生了我国消费需求的一大转向，消费品不再仅仅是实体商品，同时也成为一种符号而被纳入人们的社会生活中。例如，BP机刚在中国流行的时候，其标准的佩戴方式是，将机子上的卡子别在皮带上，为了防止丢失还要用一根金属链子拴着，但一定要把衣服束在腰带里面，这样可以把BP机露出来。这样做的目的不是为了方便拿取，而是为了引起别人的关注，当收到信息的铃声响起，自己甭提多有面子了。在20世纪90年代卖到两万元一台的"大哥大"更是符号价值大于使用价值，那时手持"大哥大"便是"大款"的象征。鲍德里亚在《符号政治经济学批判》中指出：物不仅是一种实用的东西，它具有一种符号的社会价值，正是这种符号的交换价值才是更为根本的——使用价值常常只不过是一种对物的操持的保证（或者甚至是纯粹的和简单的合理化）。在其具体的可见性下，需求与功能主要只描述了一个抽象的层面，物的一种显明的话语。与此相关，大部分无意识的社会话语，则显得更为根本。① 当整个社会都已城市化，当通信无处不在，需求将不断增长——它并不是出于喜好，而是出于竞争。② 人无我有，人有我优，这就是城市化社会中普遍存在的竞争关系。20世纪90年代，人们不断地在生活资料的各方面更新换代，除了提高生活舒适度的基本要求之外，更多的是期待借消费品的符号价值来提高社会地位，满足高人一等的虚荣心理诉求。

  学者油谷遵阐明了消费品的寿命的双重性，他说，就消费者而言，产品是有其寿命的（即使用期限）。③ 由于消费具有双重性，物品往往具有两种"寿命"：物理寿命和社会寿命。物理寿命指的是物品的自然属性或功能属性所决定的使用价值期限。例如，就一件衣服来说，只要衣服没有破损，那么它的使用价值就还存在；只有当其破烂不堪了，它的使用价值才不复存在了。所谓社会寿命指的是，一件物品作为符号所显示出来的社会含义对个人的使用期限。社会互动导致的产品符号的意义的变动性和短暂性，使得产品的社会寿命变得越来越短。其结果是，社会寿命的终结往往先于物理寿命的终结。这就是说，即使一件衣服还完好无损，还可以穿，但是因为时尚潮流不同了，现在觉得这件衣服过时了，跟不上时尚了，或者不符合自身的地位了，那么这件衣服的社会寿命就终结了。这也正是20世纪90年代中国市场对服装的消费需求的准确描述。服装成为一种符号元素和视觉元素，衣服要讲究搭配、讲究出席的场合、讲究时尚、讲究个性化、讲究品牌。一旦不再满足这些需求，那么衣服再完好，也该寿终正寝了。鲍德里亚深刻地指出：今天，生产的东西，并不是根据其使用价值或其可能的使用时间而存在，而是恰恰相反——根据其死亡。消费社

---

  ① ［法］让·鲍德里亚. 符号政治经济学批判［M］. 夏莹，译. 南京：南京大学出版社，2009：8.
  ② ［法］让·鲍德里亚. 消费社会［M］. 刘成富，全志钢，译. 南京：南京大学出版社，2008：45.
  ③ ［日］油谷遵. 消费者主权时代［M］. 东正德，译. 台北：远流出版社，1989：89.

需要商品来存在，但更确切地说，需要摧毁它们。①

总体来说，20世纪90年代初到21世纪初期这段时间，中国市场经济的蓬勃发展给人们的生活带来了巨大的变化。市场上不管是吃的、穿的还是用的，新鲜产品层出不穷，人们不断被激发出新的消费需求，消费需求也从计划经济时代的桎梏里挣脱出来。物质不仅满足着人们的基本生活需求，也成为证明人自身价值、地位和品位的符号。这个时期的市场消费结构特征表现为：注重消费品的更新换代，追求消费品的符号价值。但这一时期人们醉心于消费品数量方面的增长和满足，追求多多益善，而对消费品的品质还没建立起非常理性的认识。

（四）讲求商品品质，比照国际品牌

跨入21世纪，中国的经济发展迈上新台阶。2001年，中国加入世界贸易组织（WTO），标志着中国的改革开放已进入了一个更高的阶段，进一步地融入世界经济发展的浪潮之中，与国际接轨。中国经济在全球经济一体化的轨道上飞速发展。随着经济全球化的深入，中国经济的腾飞，人们的收入得到了普遍的提高，生活状况也得到了全面的改善。这些提高和改善尤其体现在人们的消费生活中。经济全球化推动了各国之间的经济往来和交流，再加上网络在全球的广泛普及，使麦克卢汉预言的"地球村"概念成为现实，中国的消费者可以了解到西方发达国家的消费方式，这进一步推动了消费生活的全球化。中国市场的消费需求结构发生了自新中国成立以来的第三次质的飞跃。

2001年到2013年期间，中国城镇居民年人均可支配收入从6859.6元增长到26955.1元，恩格尔系数从38.2%降低到35%；农村居民年人均可支配收入从2366.4元增长到8895.9元，恩格尔系数从47.7%降低到37.7%。②城乡居民收入水平都大幅增长，恩格尔系数都跌破了40%。

---

① ［法］让·鲍德里亚. 消费社会［M］. 刘成富，全志钢，译. 南京：南京大学出版社，2008：26-27.

② 国家统计局. 中国统计年鉴［M］. 北京：中国统计出版社，2014：158.

尽管恩格尔系数下降了,食品消费在人们的总支出中所占比例变小,但是人们花在饮食方面的钱相比过去可是翻了好几番。因为现在人们在饮食方面的需求发生了质变,不再停留在吃饱、好吃、吃得痛快的基础上了。经历了多年的市场经济发展,食品的生产,包括农产品的生产取得了突破性的进展,但也因为对利润的极端追求导致近些年食品安全问题不断出现。现代人的保健意识非常强,所以现在人们讲究吃"绿色食品",所谓"绿色食品"是指产自优良生态环境、按照绿色食品标准生产、实行全程质量控制并获得绿色食品标志使用权的安全、优质食用农产品及相关产品。人们一般对"绿色食品"通俗的理解就是无污染、无公害、质量好、有利于人的健康的食品。现在人们买日常生活所需的粮食、蔬菜、瓜果一类的农产品都要看产品的品牌。有品牌的农产品即使价钱比普通产品贵上几倍,销路还是非常好。因为品牌名气大的农产品有着特殊的生长环境、科学的培养方式、丰富的营养成分,在消费者心中代表着高品质,安全放心。

比如,中国黑龙江五常大米是有名的品牌,自清乾隆年间五常开始有栽培水稻的历史记载以来,不到200年的时间里,五常大米誉满天下,一直是皇室独享的御贡米。到了现代,五常大米成为著名的大米品牌,目前年产8亿多公斤。它的价格高达十几元一斤,比市面上普通大米要贵五六倍。除了在国内市场上寻求高品质大米,中国消费者还将目光放眼国际市场。产于日本的越光米是日本品质最高的大米,也吸引了中国消费者的注意。2007年,中粮集团共进口了24吨日本新潟县产的"越光"大米和宫城县产的"一见钟情"大米,在北京和上海市场投放,每公斤售价高达99元,结果不到一个月时间就宣告售罄。就水果来说,75岁重新开始创业的传奇人物褚时健种植培育的冰糖脐橙——褚橙,近几年在市场上非常火爆,每年橙子还没成熟,就有一大批褚粉在网上预购等待收货了。其售价并不低,曾经一斤卖到16.8元,而当时市面上普通橙子售价每斤只有三四元。被问及为何这么受欢迎,褚时健在采访中给出了自己的解释:"可能因为是我种的橙子,头几年大家好奇都买来吃吃,但是如果果子不好吃,或者只是普通过得去,我相信买了几次人家就不买了。我们卖得也不便宜,要是品质不高，人家凭什么真金白银买你一个老头子的账？"确实，褚橙正是在气候、水、肥料、间伐、剪枝控梢、病虫害防治等各方面都做到精细管理，才产出优质的橙子，即使价格贵也颇受市场欢迎。

从上述案例我们可以看出，当前社会，在饮食方面，人们需要的是高品质、安全放心的产品，价位高低是次要的考虑因素。这种需求的转向是基于中国消费者的经济水平大幅提高的基础之上的。尤其是自21世纪以来，由于连续多年的高速经济增长和城市化的迅速推进，以及物质文化水平的提高，一个被称为中产阶级的社会群体迅速崛起。[①] 尽管目前对于"中产阶级"的界定还没有定论，对中国到底有多少人属于中产阶级也难以下结论，但是人们能明显感知到，一大批具有比较雄厚的财力，有比较强烈的消费意识的人就围绕在我们身边。这可能也要归功于当今无处不在的媒体，不管真实的中产阶级有多少，媒体都通过广告、影视作品、新闻信息等向所有的人展示着中产阶级的生活。这导致尽管很多人在财力基础上并不属于中产阶级，但是受中产阶级的模范示范效应影响，在消费生活中也向中产阶级看齐，具有他们的消费特点。

中产阶级的消费需求取向有一个重要的特征就是不管吃、穿、住、用，还是行，都偏好知名度高的品牌产品，而且很大程度上表现为奢侈品消费。根据2012年博鳌论坛上发布的《亚洲经济一体化进程2012年度报告》，90%的出境游客认为购买奢侈品是其出境旅游的主要目的之一。世界奢侈品协会发布的《2012"黄金周"中国境外消费分析报告》统计结果显示，在2012年的7天"黄金周"假期内，中国人出境消费奢侈品集中累计约38.5亿欧元，比去年同期上涨14%。[②] 2015年，中国消费者全球奢侈品消费达到1168亿美元，同比增长9%。这表明，中国人在2015年买走了全球约46%的奢侈品。在国内，去分布在城市中大大小小的购物中心逛一逛就会发现，服装门店、化妆品专柜、箱包专卖店、名表专柜、珠宝

[①] 李春玲．中国中产阶级的增长及其现状[J]．江苏社会科学，2008(5):68-77．
[②] 陈菁菁．中国奢侈品市场消费现状分析[J]．经济师，2013(12):47-47．

专柜都是国际大牌或者国内中高端品牌。一二线城市基本都可见Chanel、Dior、Lancome、LOUIS VUITTON、GUCCI、Hermès、Giorgio Armani、BOSS、TIFFANY&Co.、Cartier等国际一线大牌的身影。林立的巨幅海报上，身姿窈窕的各国模特展现着国际上最新的时尚潮流。

中国消费者之所以对奢侈品青睐有加，一方面是借助它的符号价值赢得"面子"，这是很多消费者会考虑到的一点；另一方面是在使用价值上，奢侈品卓越的品质是普通商品不能比肩的。它们经典的设计、考究的用料、超凡的工艺成就了非同凡响的品质，代表着行业内的顶尖水平；其精湛的工艺、复杂的工序和严格的审查保障了产品的品质。例如，百年老字号的车中贵族——劳斯莱斯虽然价格高达几百万，甚至上千万人民币，但是它仍然吸引着全世界的车迷们，原因就是它从造车开始之时就追求精益求精。就拿目前世界展会上历史最悠久的车型来说，它是一辆1927年出厂的幻影Ⅰ代，车内的枫木内饰全部为天然原材料，真皮座椅在历经了将近一个世纪的岁月后依然如新。难以想象一部产自近一百年前的"古董"至今依然能够行驶，宛若驾驶着一部时光机。劳斯莱斯高贵的品质来自它高超的质量。它的创始人亨利·莱斯就曾说过："车的价格会被人忘记，而车的质量却长久存在。"除了汽车这样大件的奢侈品品质考究，小件的奢侈品也具有这样的特征。就拿LV的一个羊皮背包来说，它的原材料只选用本来产量就很少的山羊皮中最好的、没有瑕疵的、皮料的表纹是天然纹路的那一小部分。品质卓越，历久弥新，这就是奢侈品一直畅销全球，并且魅力不减的重要原因。

由于中国消费者对高品质奢侈品的巨大需求，以及对国际市场上优质品牌产品的追求，国内兴起一种新的购物方式——海购，它是指中国客户通过海外途径购得物品。目前中国已建立起多家电子海购平台，如网易考拉海购、亚马逊海外购、银联海购、蜜芽母婴产品海购、顺丰海购丰运、天猫国际等。其中2014年正式上线的天猫国际，以天猫和淘宝原有的模式为国内消费者直供海外原装进口商品，是最受中国消费者喜欢的海购平台之一。目前已有来自53个国家和地区，超过5400个海外品牌入驻天猫国际，囊括母婴、美妆个护、食品、保健、服饰等众多品类。2015年"双11"天猫"狂欢节"的主题就是"全球化"，11月11日当天，天猫国际总经理刘鹏对国内外媒体表示："作为国内跨境第一进口电商平台，天猫国际'双11'开场仅10分钟就售出来自41个国家的2605个海外品牌尖货"。他还表示："根据过去20多个小时整体成交走势已经可以预测，天猫国际今年'双11'整体进口成交将达到国内其他跨境进口电商平台一年的成交体量。"天猫国际"双11"热销的国际品牌商品包罗万象：泰国的乳胶枕、智能扫地机器人、备孕保健品、滋补燕窝、名牌手表、日本纸尿裤、荷兰奶粉、LV箱包、羊毛大衣、户外装备、进口牛奶、进口美妆等。其中海外奶粉品牌美素佳儿、诺优能、爱他美，纸尿裤品牌好奇、帮宝适、日本花王和进口牛奶品牌德国德亚、麦德龙AKA大受中国消费者欢迎，一天之内纷纷突破10万销量。天猫国际2015年"双11"进口订单覆盖大江南北，最北到黑龙江大兴安岭地区，最南到海南三亚，最西到新疆喀什地区，最东到黑龙江双鸭山，它不仅有效拉动了一二线城市主导的境外消费回流，同时有效激发了三四线城市的消费升级。

通过以上分析可以看出，进入21世纪，尤其是2008年金融危机之后，中国社会经济高速发展，居民收入水平大为提升，出现了一大批中产阶级群体，带动中国市场的消费需求朝新的模式转型。人们经历了20世纪八九十年代商品突然爆炸性增多的时期，后又经过多年市场经济的熏陶，不再那么兴奋和冲动地进行消费，逐渐变得比较成熟和理性。同时网络的普及应用，让人们有更多可以了解市场信息、掌握商品信息的渠道，因此消费决策更趋理性化。这一时期，中国消费市场的需求结构在衣食住行各方面都产生了质的变化，人们在各方面都开始追求高品质的商品，食品要吃"绿色"的、有品牌的，穿的用的也要国际大牌的或者国内高端品牌的。人们宁可减少消费量，也要花相对昂贵的价格买名牌的商品，因为知名品牌代表着高端品质，质量有保障。配合这种"全球化"的消费需求模式，国内"海购"平台异军突起，极大满足了国内消费者对国际市场上高品质商品的需求。

第二节 中国供给侧结构性改革

一、供给侧结构性改革含义

"供给侧结构性改革"是一个新词,一般人刚听到这个词时都感到比较困惑,不太理解这是什么意思。其实当我们把这个概念拆开来看,它并不难理解。供给(supply)是和需求(demand)相对应的一对讨论经济问题的基本概念。经济学中所说的供给是指生产者或厂商在一定时期内在各种可能的价格下愿意并且能够提供出售的该种商品的数量。① 比如,一向奉行撇脂定价和饥饿销售策略的苹果公司,假设它愿意以 5500 元人民币的价格在中国市场提供 4000 万部 iPhone 手机,那么这 4000 万部手机就是苹果手机在中国的供给量。

供给侧(supply side)指的是供给边或者供给端,它和需求侧(demand side)相对应。需求侧是我们比较熟悉的概念。长期以来,由于深受凯恩斯主义的影响,我们习惯于通过政府的需求管理政策,特别是政府投资政策和货币金融政策,用需求侧"三驾马车"(投资、消费、出口)来拉动经济增长。与需求侧管理相对应而言,供给侧结构性改革就是从供给和生产端入手,通过解放生产力,提高全要素生产率,从而提升其竞争力,促进社会经济的均衡发展。② 以苹果手机为例,为什么苹果手机一上市就容易成为爆款,有些消费者宁愿花更多钱买苹果手机,不愿意花相对少的钱买国产手机呢?这就要考察供给侧的问题,考察手机制造业的产业

---

① 黄建宏. 微观经济学[M]. 武汉:华中科技大学出版社, 2009:25.
② 张云起, 冯漪. 供给侧经济改革中化解产能过剩的路径分析[J]. 商业文化月刊, 2016(1):33-38.

结构、要素投入结构等。

综上所述,在我国"供给侧结构性改革"中,"供给侧"是改革切入点,"结构性"是改革方式,"改革"是核心命题。我国推进供给侧结构性改革是从"需求管理"到"供给管理"的重大调整。供给侧结构性改革的内涵是以提升产品供给体系质量为研究对象,以提高企业创新能力和降低企业负担为主要抓手的改革思路,其根本目的是通过提高产品的有效供给来实现供需均衡。[①]

二、为何要进行供给侧结构性改革

如果用一个词来描述当前中国经济的特征,那么最恰当的词莫过于"新常态"。2014年5月习近平总书记在河南考察时提出:"我国发展仍处于重要战略机遇期,我们要增强信心,从当前我国经济发展的阶段性特征出发,适应新常态,保持战略上的平常心态。"2014年11月,习近平总书记在亚太经合组织(APEC)工商领导人峰会上发表题为《谋求持久发展 共筑亚太梦想》的演讲。在演讲中,习近平总书记向包括130多家跨国公司领导人在内的世界工商领袖们阐述了什么是经济新常态、新常态的新机遇,以及怎么适应新常态等关键点。习近平说:"中国经济呈现出新常态。有几个主要特点:一是从高速增长转为中高速增长。二是经济结构不断优化升级,第三产业、消费需求逐步成为主体,城乡区域差距逐步缩小,居民收入占比上升,发展成果惠及更广大群众。三是从要素驱动、投资驱动转向创新驱动。"

《经济日报》发表评论文章,阐释何为"新常态":新常态之"新",意味着不同以往;新常态之"常",意味着相对稳定。自20世纪80年代中后期至2007年美国次贷危机爆发的约20年,世界经历了一个被一些经济学家称之为"大稳定"的时期。尤其是2002—2007年,是世界经济

---

① 张志明,蔡之兵. 供给侧结构性改革的理论逻辑及路径选择[J]. 经济问题探索,2016(8):1-5.

增长少见的高度乐观的"黄金时期",除了日本等少数国家,各类经济体大都实现了较高速的经济增长。中国的GDP几乎每年保持着两位数的高增长率。这是之前的"旧常态"。2011年前后,中国开始认识到,从过去的两位数高增长速度下行到7%~8%,主要并非周期性因素所致,而是一种结构性减速,即中国经济的增长面发生了历史性的实质变化。在这个新阶段中,将发生一系列全局性、长期性的新现象、新变化。经济发展将走上新轨道,依赖新动力,政府、企业、居民都必须有新观念和新作为。这一切被简要概括为经济发展的"新常态"。[①]

2008年以来,中国经济发展增速放缓的一个重要原因就是产品的"供需错配",中国供需关系面临着不可忽视的结构性失衡。中国崛起的中产阶级对高品质消费品的需求是十分强烈的。但是中国的供给体系却没有与需求结构的改变相适应。我国的消费者追求产品的高端化、多样化和个性化,对产品质量的要求不断提高。供给侧却没有呼应需求侧的这种改变。中国的供给体系总体上是中低端产品过剩,高端产品供给不足,市场上大量同质低附加值产品严重过剩。中国消费者在全球疯狂购买奢侈品的行为是中国高端产品供给不足的最好例证。因此,必须加快供给侧结构性改革,升级产品供给体系,使供给侧与需求侧相匹配。

中国加入世界贸易组织后,对外开放的程度越来越高。在全球经济低迷的发展阶段,全球的奢侈品品牌和高端品牌无不紧盯着中国这块大蛋糕,纷纷在国内投资开店。此外,我国已经成为世界第二大旅游输出国,2014年出境游人数超过1亿人次,海外消费额高达1648亿美元。只要中国人一休假,媒体就经常爆出国外某购物中心和奢侈品店外中国人大排长龙的新闻。而且,在当今这个信息社会,互联网已经将全球紧密连接在一起,各大B2C和C2C电商平台也都意识到国外商品对中国人有着强大的魔力,纷纷建立"海购"渠道。2009年"双11"之际,淘宝策划"网购狂欢节",带动了从线上到线下的一个现象级的"全国购物狂欢节"。随着

---

① 金碚.中国经济发展新常态研究[J].中国工业经济,2015(1):5-18.

淘宝网升级为更高端的天猫,"双 11 购物狂欢节"也华丽变身为"全球狂欢节"。"来天猫购全球"是天猫"双 11"活动的策划主题,为国人购买"洋品牌"提供了方便的机会。由此可见,我国有足够的市场潜力,只要国内制造业能够开发生产出安全、高质量的产品,实现中国制造向中国创造转变、中国速度向中国质量转变、中国产品向中国品牌转变,我们就有机会用这些流到外国市场的奶油来做大中国制造业的蛋糕。

三、品牌引领供给侧结构性改革

2016 年是全面推进"供给侧结构性改革"的开局之年,消费结构升级的步伐在加快,品质消费特征凸显,品牌消费开始崛起。中国国际贸易促进委员会研究院发布的《2016 年消费市场发展报告》称,中国人消费正在更讲究品质、更注重品牌、更追求品位、更展现品格。[①]2015 年消费对中国经济增长的贡献率达 66.4%,2016 年一季度更是高达 84.7%,消费已成为中国经济名副其实的"压舱石"。建设内部消费社会是推动中国经济持续增长的关键内容,但近年来国人境外消费愈演愈烈,海购网站备受欢迎,从各种奢侈品、高档电器到智能马桶盖、电饭煲和感冒药等,许多人出境游"无所不淘"。

北京大学国家发展研究院教授周其仁在《经济低潮要反向思考,寻找动力和空间》中指出:"就国内市场来看,不要被现在过剩的产能吓到,我们有很多产能是不足的。看我们产品的品质,那么多人跑到国外去买东西,中国产品最重要不是新,而是要把产品品质做好,这样不会没有市场,否则为什么那么多人去国外买东西?像指甲刀、菜刀、马桶盖,这些东西中国不是不会做,而是做得差了一点,如果把这样的变革凝聚起来,中国有的是市场。国内有一亿人口的中产阶级,为什么国内产品满足不了需求,而要大量靠进口、靠出国扫货?现在国内已经有一些先进的厂商在做优质

---

① 关逸民. 名优精品引领品质消费[N]. 中国信息报,2016-06-08(004).

产品了,好产品、品质好一点的东西有的是市场。"①

  供给侧结构性改革是新常态经济下推动中国经济走出中高速发展期,促进中国经济转型升级的重要力量。针对国内供给档次偏低、质量不高,无法提供充足有效供给的情况,国务院多次出台相关政策,将培育新供给的重要性提高到国家战略的层面上。在此类政策性文件中出现的高频词汇是"品质"和"品牌",这表明供给侧结构性改革这艘大船要顺利航行还得靠品质和品牌引领航向。下面,让我们回顾一下国务院印发的相关重要政策性文件如何解读"品质消费"和"品牌引领"在供给侧结构性改革中的重要作用。

  2015年11月23日,国务院印发了《国务院关于积极发挥新消费引领作用,加快培育形成新供给新动力的指导意见》,该文明确指出"品质消费"是消费升级的重点领域和方向之一。文件指出,我国已进入消费需求持续增长、消费结构加快升级、消费拉动经济作用明显增强的重要阶段。我国居民消费呈现出从注重量的满足向追求质的提升、从有形物质产品向更多服务消费、从模仿型排浪式消费向个性化多样化消费等一系列转变。随着居民收入水平不断提高,广大消费者特别是中等收入群体对消费质量提出了更高要求,更加安全实用、更为舒适美观、更有品位格调的品牌商品消费发展潜力巨大。这类消费涉及几乎所有传统消费品和服务,将会带动传统产业改造提升和产品升级换代。同时还强调,为创新并扩大有效供给,要鼓励企业加强质量品牌建设。实施质量强国战略,大力推动中国质量、中国品牌建设。实施品牌价值提升工程,加大"中国精品"培育力度,丰富品牌文化内涵,积极培育发展地理标志商标和知名品牌。保护和传承中华老字号,振兴中国传统手工艺。完善品牌维权与争端解决机制。引导企业健全商标品牌管理体系,鼓励品牌培育和运营专业服务机构发展,培育一批能够展示"中国制造"和"中国服务"优质形象的品牌与企业。

  2016年6月20日,国务院办公厅出台《国务院办公厅关于发挥品牌引领作用推动供需结构升级的意见》,该文件强调:品牌是企业乃至国家

---

① 吴敬琏,等. 供给侧改革引领"十三五"[M]. 北京:中信出版社,2016:22.

竞争力的综合体现，代表着供给结构和需求结构的升级方向。当前，我国品牌发展严重滞后于经济发展，产品质量不高、创新能力不强、企业诚信意识淡薄等问题比较突出。文件指出，随着我国经济发展，居民收入快速增加，中等收入群体持续扩大，消费结构不断升级，消费者对产品和服务的消费提出更高要求，更加注重品质，讲究品牌消费，呈现出个性化、多样化、高端化、体验式消费特点。发挥品牌引领作用，推动供给结构和需求结构升级，是深入贯彻落实创新、协调、绿色、开放、共享的新发展理念的必然要求，是今后一段时期加快经济发展方式由外延扩张型向内涵集约型转变、由规模速度型向质量效率型转变的重要举措。

发挥品牌引领作用，推动供给结构和需求结构升级，有利于激发企业创新创造活力，促进生产要素合理配置，提高全要素生产率，提升产品品质，实现价值链升级，增加有效供给，提高供给体系的质量和效率；有利于引领消费，创造新需求，树立自主品牌消费信心，挖掘消费潜力，更好发挥需求对经济增长的拉动作用，满足人们更高层次的物质文化需求；有利于促进企业诚实守信，强化企业环境保护、资源节约、公益慈善等社会责任，实现更加和谐、更加公平、更可持续的发展。企业要增品种、提品质、创品牌，提高供给体系的质量和效率，满足居民消费升级需求；扩大国内消费需求，引导境外消费回流，推动供给总量、供给结构更好地适应需求总量、需求结构的发展变化；关注自主品牌成长，讲好中国品牌故事。

2016年9月12日，国务院办公厅出台《消费品标准和质量提升规划（2016—2020年）》，该规划指出，当前，我国已成为全球消费品生产、消费和贸易大国，消费对经济增长的基础作用明显增强。但是，消费品标准和质量还难以满足人民群众日益增长的消费需求，呈现较为明显的供需错配，消费品供给结构不合理，品牌竞争力不强，消费环境有待改善，国内消费信心不足，制约国内消费增长，甚至造成消费外流。文件要求各省、自治区、直辖市人民政府，国务院各部委、各直属机构紧紧围绕推进供给侧结构性改革，以先进标准引领消费品质量提升，倒逼装备制造业转型升级，扩大有效供给满足新需求，改善消费环境释放新动能，创新体制机制激发新活力，以科技创新支撑标准化和质量提升，突出标准引领，创新质量供给，着力增品种、提品质、创品牌，不断满足人民群众日益增长的消费需求。

该规划强调了要加强消费品品牌建设。引导企业增强品牌和营销意识，夯实品牌发展基础，完善质量奖励制度，实施消费品精品工程，推动中国产品向中国品牌转变，提高中国消费品知名度和美誉度，打造中国制造金字品牌。从三个方面对企业加强消费品品牌建设提出了具体明确的要求——加强品牌培育、提升品牌形象、强化品牌保护。

文件指明了消费品行业品牌建设的质量升级方向：

家用电器产品要适应高端化、智能化发展趋势，改善电子坐便器、空气净化器、家用清洁机器人等新兴家电产品的性能和消费体验，提高空调器、电冰箱、洗衣机等传统大家电的产品舒适性、智能化水平，优化电饭煲、剃须刀等传统厨用、个人护理用小家电产品的外观和功能设计等。

消费类电子产品要结合云计算、大数据、物联网等新一代信息技术，推动人工智能、智能硬件、智慧家庭、虚拟现实、物联网等创新技术产品化、专利化、标准化。制定智能手机、可穿戴设备、新型视听产品等智能终端产品标准，强化信息安全、个人隐私保护要求，开展人体舒适性、易用性评估评价，规范众包众筹产品市场、线上线下销售市场等。

家居装饰装修产品要围绕居民提高生活水平、改善家居环境的消费需求，促进家居装饰装修健康化、集成化发展。针对家具、照明电器、厨卫五金、涂料、卫生陶瓷、壁纸、地毯等家居装饰装修产品，加快构建强制性国家标准体系，严格有毒有害物质、挥发性有机物限量要求，健全配套检测方法、检测设备、检测能力等。

服装服饰产品要适应个性消费、时尚消费、品质消费、品牌消费的发展需求，巩固纺织服装鞋帽、皮革箱包等产业的传统优势地位，加快首饰、钟表、眼镜、发制品等产业的技术创新和产业升级，加大知识产权保护力度，提升创新创意设计能力。提高新型纤维、优质棉麻毛、高端羊绒丝绸皮革等材料质量要求，规范纺织产品防水、防风、保温、抗菌等功能性要求，制造高端精品等。

妇幼老年及残疾人用品要进一步加大婴幼儿、少年儿童生活用品和中小学生学习用品标准化力度，严格儿童玩具、婴儿纸尿裤、婴儿安抚用品、儿童家具、儿童服装鞋帽等儿童用品安全标准，严格儿童产品标识标注。加快开展妇女用哺育用品、卫生用品、家用美容美发用品等标准化工作，提升自主品牌的质量水平。推动老年人用品标准和质量提升，扩大老年人文化娱乐、健身休闲用品市场等。

化妆品和日用化学品要适应消费者对产品功效的多样化需求，完善化妆品、口腔护理用品、洗涤用品、蜡制品、家用卫生杀虫用品标准体系，制定基础通用、重要产品和检测方法等标准，防止有毒有害物质超标等。

文教体育休闲用品要加强质量管控，全面提高零部件（元器件）、制造工艺、基础材料整体质量水平，促进文具、制笔、乐器等制成品品质提升。加快全民健身器材、冬季运动器材、户外休闲运动（水上、登山、钓具和自行车等）器材、民族传统运动器材及防护装备等标准的制定，加强体育用品新材料、新技术的研发和应用等。

传统文化产品要针对文房四宝、烟花爆竹、竹藤、丝绸、瓷器、漆器等产业发展需求，加快安全、环保等强制性标准制定，加大旅游景区销售产品的质量监管力度。开展文化创意、传统工艺、评价测试标准化工作，推动国际国内标准同步发展。加大传统文化产品宣传展示力度，促进传统文化产品出口，促进中外文明互学互鉴等。

食品及相关产品要加大对方便食品、速冻食品、焙烤食品和现代生物发酵食品等新产品标准的研制力度，制定网络食品信息描述规范，满足新兴群体等对食品消费多样化的需求。提高食品容器、包装材料以及智能化食品包装生产线标准水平，不断完善食品相关产品质量标准体系等。

通过对上述三个文件的回顾，我们可以看到，这几份文件都阐述了消费在国民经济发展中的重要地位，消费升级对供给侧升级提出了高要求，而供给侧结构性改革的方向简而言之就是要增品种、提品质、创品牌，培育自主品牌，讲好中国品牌故事。苏宁集团副董事长孙为民在面对《财经》杂志记者访问时说到，国务院出台的规划，预示着品质消费时代已经到来。

这也是供给侧结构的变化,预示着中国经济已从规模经济转型到品质经济,从物质型消费升级到服务型消费。近年来,华为公司、中兴通讯、海尔集团、中国高铁等一批拥有知识产权优势的中国品牌成功"走出去",为国内外市场提供了质量上乘的品牌产品,让世界认识了一批中国品牌,在供给侧结构性改革中走在了前列。

第三节 需·供平衡与品质革命

一、从供需平衡到需供平衡

用"匮乏"到"充裕"来描述新中国成立初期到当今社会中国人消费生活的转变,也许是非常恰当的。一位牛津大学的历史学者在20世纪80年代来到北京大学学习,自此他连续25年每年都会来中国回访,几乎走遍了中国的所有地方,探访中国消费生活的改变。他在书中写道,20世纪80年代中期,我第一次到中国来旅游,那时我的中国朋友告诉我去购物的时候要听懂一个词,那就是"没有",因为这是售货员最常说的。除了专门招待外国游客的豪华酒店,你很难找到购物的地方,即使有,可供选择的商品也不多。那时的中国和现在大部分游客印象中的中国相去甚远——满街的豪华轿车,衣着时尚的中国人,无处不在的广告填满了城市的各个角落,大大小小的百货大楼和零售商店几乎让人们分辨不出各条街之间的区别。[①]80年代的马路上除了自行车的铃声就是车轮转动的呼呼声,而现在从大城市到小城镇几乎都遭遇了一个十分令人烦恼但又习以为常的事情——堵车,马路被淹没在汽车发动机的轰鸣声中。如果真的可以穿越

---

① [英]葛凯. 中国消费的崛起[M]. 北京:中信出版社,2011:83.

时空,我想,20世纪七八十年代的中国人一旦穿越到21世纪中国繁华的大街上,一定会产生韩少功在《马桥词典》中所描述的马桥人一到城里就会"晕街"的症状。

从匮乏到充裕意味着中国人的消费生活发生了重要的转向。消费生活的这种转向意味着传统经济学中的供需平衡观开始转向需供平衡观。

供需平衡理论又叫供求平衡理论。马克思在《资本论》《政治经济学批判导言》等经典著作中,把社会经济运行过程,即社会生产或社会经济发展过程归结为生产、流通、分配和消费四个相互联系的基本环节。其中生产即供给、消费即需求、流通与分配则是连接供给与需求的中介。[①] 社会总供给由无以计数的生产单位所提供的商品和劳务所构成,希望由商品变成货币;而社会总需求由无以计数的需求者所构成,他们有货币希望购买商品,满足其物质和文化生活的需要。马克思科学地阐明了供给与需求平衡——供需平衡发展既是社会再生产过程,即社会经济正常健康运行和发展的客观要求,也是社会经济正常健康发展的必要条件。

供需平衡包括总量平衡与结构平衡。[②] 过去生产力低下,生产资料相对贫乏,生产满足需要的水平和程度相对低下,社会经济发展长期处于"短缺经济"状态。生产或供给不足,不能满足消费需求是这一时期供需矛盾的主要方面。新中国成立以来很长的计划经济时期就处于这个阶段,市场上不存在多少可供选择的消费品。这个阶段的供需平衡主要是以量的满足为主要任务。人们只求吃饱穿暖,倘若能买上一些社会流行的消费品就更满足了,在这种低端的消费生活层次上,品质好坏不是那么重要。

这种"短缺经济"的社会环境导致了传统经济学研究中讨论供给与需求是以供给为中心的。传统经济学一直认为生产在社会总供需的形成和平衡中,始终处于中心的地位,发挥决定性作用。生产少了就提高价格抑制

---

① 纪尽善. 马克思供需平衡理论与扩大内需战略取向和现实选择[J]. 当代经济研究,2002(9):8-11.

② 钱伯海. 供需平衡经济学[M]. 北京:中国经济出版社,1997:21.

需求，供需就趋于平衡；生产多了就降价促进消费，供需平衡就又恢复了。这种供需平衡观是建立在社会总体生产水平不高，而人们又十分渴望能为自己和家中多添置一些东西的基础之上的。企业威风凛凛，它生产什么，人们就只能买什么。

随着社会生产力水平的不断提高，改革开放程度的逐渐加深，我国经济已经逐步由"短缺经济"过渡到"过剩经济"了。现在产能过剩成为中国经济发展必须解决的结构性问题。我国居民的消费需求结构发生了重大的转变，不再停留在"多即是好"的落后消费观上了。如今，中国的新兴中产阶级与发达国家的中产阶级的消费水平差距不断缩小，在宽敞豪华的公寓居住，在沃尔玛、家乐福这类大型超市里推着购物车选购商品，在高级酒店举办盛大婚礼，去欧洲各国、美国或者马尔代夫度蜜月，开着奔驰、宝马出行……在农村地区，人们也盖起小洋楼，开上了小轿车，置办了各式各样的家用电器。现在，对消费者更为重要的是消费品的品质和消费者的个人体验。

此时，如果生产企业还高高在上，保留着原有的优越感就不合时宜了，"生产至上"的年代已经过去了。如果没有意识到现在的消费者要的是什么，生产的产品还停留在低层次水平上，那就只能逐渐退出市场了。企业的生存靠的是能将商品顺利出售给消费者，获得货币，实现从企业到消费者的 W-G-W（商品—货币—商品）转移过程。对于这个过程，马克思指出："是商品的惊险跳跃，这个跳跃如果不成功，摔坏的不是商品，但一定是商品所有者。"① 当今竞争激烈的市场上，生产者无不使出浑身解数以使这个跳跃顺利实现：投入大量成本做设计和研发，在全球范围内投放大量广告，建大量的实体连锁门店等。可一旦产品质量出现问题，这个跳跃必定就会失败，所有努力就付诸东流。比如，一直在全球市场上表现良好的三星公司就因手机爆炸而陷入风波，因为 Galaxy Note7 手机发布一个多月后，全球范围内发生三十多起因电池缺陷而造成的爆炸和起火事故，甚至

---

① 马克思，恩格斯. 马克思恩格斯全集[M]. 北京：人民出版社，1972:124.

因为三星手机起火导致美国西南航空公司一架客机发生火灾。三星公司不得不宣布停产并召回这款手机。其直接经济损失自不必说,最让三星公司难以承受的是消费者对其品牌信任度的下降,它给企业带来的损失是不可估量的。

中国企业必须认识到,以前我们的任务中心是抓生产,提产量。但是现在,我们不得不把目光集中在日新月异的消费需求上来了。供需平衡已经由总量平衡转向了结构平衡,过去以生产为中心的供需平衡观势必要转向以消费需求为中心的需供平衡观。这不是对经济学中供需平衡理论的否定,而是为了能够符合新时代现实语境对其内涵进行的延伸和发展。尤其是在当今这个经济全球化的环境下,本国如果无法为居民提供足够的有效供给,那么消费者很容易在全球市场上寻求满足。因为在全球范围的市场上,不是供给太少,而是供给太多,发达国家早已过渡到"品质消费"阶段,它们生产的产品也往往蕴含着对高品质的保障。从汽车、家电、电子产品、珠宝名表到包、日化用品、服装鞋帽、运动产品,乃至奶粉、纸尿裤、马桶盖、电饭煲,它们的产品无不渗透到了中国市场。这一点从马路上鳞次栉比的世界品牌广告和购物中心里一排排外国品牌门店和专柜就可见一斑。

二、需供平衡中的消费定制

(一)定制创造符号化自我

供需平衡观转向需供平衡观的最大改变其实就是将人们的消费需求放在了首要地位。在传统的营销模式中,消费者所选择的产品和服务是企业已经设计制造出来的,产品和服务通过各种销售渠道最终到达顾客手中。在这种模式下,消费者是企业生产的产品的被动接受者,他们无法表达自己的意愿和要求,而且由于技术、资金各方面条件的限制,企业也无法满足顾客个性化的需求。① 以往这种以生产供给为中心的社会，消费者的需求也比较低，企业只要生产出产品，有的是消费者等着抢购，不必发愁产品卖不出去。但是中国已经走过了"千人一面"的时代，标准化和规模化的产品，总让消费者觉得有诸多缺憾。

如今，在这个消费社会里，每个人不再被印上难以去除的身份烙印，比如一个人的出身、学历、职业等。社会又生产出一套新的符号体系。我们必须慢慢学会在这套符号体系中定位自己的位置，并且以这套体系去鉴别对面那个人是否为我族类。从符号学来讲，符号文本有两个展开向度，即组合轴与聚合轴。任何符号表意活动，小至一个梦，大至整个文化，必然在这个双轴关系中展开。这个观念首先是索绪尔提出来的，在索绪尔理论的四个二元对立中，这一对观念在今日的符号学中仍然具有强大的生命力。一般把这个双轴名称译成"纵聚合轴"与"横组合轴"，但两者并非数学坐标那样一横一纵的关系。聚合是文本构建的方式，一旦文本构成，就退入幕后，因此是隐藏的；组合就是文本构成方式，因此组合是显示的。② 索绪尔为双轴关系举的例子是宫殿前廊柱子："建筑物的组分在空间展示的关系是组合关系；另一方面，如果这柱子是陶立克式的，就会引起其他风格的联想性比较（例如爱奥尼亚式、柯林斯式等）。希尔佛曼指出"聚合关系中的符号，选择某一个，就是排除了其他"③，聚合轴的定义，决定了除了被选中的成分，其他成分不可能在文本组合形成后出现。一个符号从表意开始，从聚合轴进行选择，用以产生组合段。文本完成后，只有组合段是显现的，属于表层结构；聚合是隐藏的，属于深层结构。

当前时代的一套符号体系，从横组合轴上来说，包括发型、衣着、鞋子、皮包、车子、房子、饮食、通信工具等。从纵聚合轴上来说，以发型

---

① 李雨婷. 一对一的沟通——定制时代女性消费形态及整合营销传播策略研究[J]. 学术论坛, 2008(6): 155-158.
② 赵毅衡. 符号学原理与推演[M]. 南京：南京大学出版社, 2011:161.
③ David Silverman and Brian Torode.The Material World:Some Theories of Language and Its Limits[M].London:Routledge,1980:225.

来看，它是新潮的还是古板的，是自己随便梳理的还是让发型师专门设计的，是黑色、黄色还是流行的"奶奶灰"，是长发还是短发，是直发还是大波浪；以衣着来看，你穿的是国际品牌还是国内品牌，是日式风还是韩范儿，是连衣裙还是超短裙；以车子来说，你骑的是哈雷摩托还是豪爵铃木，开的是奥迪还是奥拓。在组合轴和聚合轴上如何选择符号以构成自身的符号体系代表了你对自己的定位。穿一件Prada的高级定制晚礼服和一件美特斯邦威的休闲服是完全不同的，因为这些符号的选择就传达着"我是谁"这样的意义。

在消费社会纷繁复杂的符号体系中，如何才能显示出"我就是我，是颜色不一样的烟火"呢？现在如果有两位明星穿着同款衣服公开亮相，当天娱乐新闻会从明星的头发分析到脚趾，试图鉴别穿着同款衣服的两人还有什么不同。人们发明了一个专门的词汇来形容这一让人们避之唯恐不及的状况——撞衫（dress same）。当我们为一个现象特意赋予一个语言符号来表达它的时候，它就存在于我们的话语体系中了，可见它已经变成了一个在普遍意识中颇为重要的事情了。也许有一天这个词也会被收录进现代汉语词典，成为时代的一个印记。既然人们都是靠这套符号体系互相辨认，那么穿一样的衣服和鞋子、开一样的车子、住一样的房子、吃同一家餐厅又怎么能显示出自我的独特性呢？因此撞衫就往往让人感到非常尴尬。

人们要摆脱这种尴尬，就需要有一套独特的符号体系来武装自己，以和别人区分开来。这种诉求不可能通过传统的大规模工业化生产模式来满足。因为尽管现代企业已经有了市场细分的观念，试图努力满足某一目标人群的独特诉求，但是不管如何再细分市场，企业面对的都是一类消费者，这一类消费者人数可能成千上万。只有一种方式能满足现代人对符号唯一性的苛刻需求，就是定制消费。定制消费真正把指挥棒交到了消费者手中，可以为消费者量身打造独一无二的个性化、高品质产品。如今定制消费已经在各个领域如火如荼地展开了，比如高级成衣定制、箱包定制、珠宝定制、家具定制、旅游定制、汽车定制等。

（二）定制价格和品质约定

科学管理之父——弗雷德里克·温斯洛·泰勒（F.W.Taylor）在1911年的著作《科学管理原理》中提出了科学管理理论。这一理论为资本主义国家的生产管理带来了一场革命，使生产商认识到管理要走向科学，科学管理的根本目的是谋求最高工作效率，最高的工作效率是雇主和雇员达到共同富裕的基础。为了实现这一目的，泰勒率先提出了工作标准化思想，即将生产的各个环节和要素进行标准化管理，以这种科学化的管理方法代替经验管理。20世纪以来泰勒科学管理理论在美国和欧洲大受欢迎，深刻影响了资本主义国家的生产模式。20世纪中期以后在美国逐渐形成了一种以市场为导向，以分工和专业化为基础，以较低产品价格作为竞争手段的刚性生产模式。福特汽车公司最早运用了这种科学管理模式进行大规模汽车生产，努力实现创始人亨利·福特的"制造人人都买得起的汽车"的梦想。安东尼奥·葛兰西将这种生产模式命名为"福特主义"。按照调节学派的观点，福特主义关键性的基础是从一种粗放型的资本积累战略，向一种以"泰勒制"劳动组织和大规模生产消费性商品为特征的密集型资本积累战略的过渡。

大规模、标准化生产能够提高工作效率，重要的是它还可以形成规模经济，降低生产成本，进而使得生产商能够以较低的价格向市场提供大量均质化消费品。规模经济是指由于厂商的产量扩大而引起的长期的产品平均成本的降低。规模经济主要表现在四个方面：①生产的规模经济。随着生产规模的扩大，分摊到单位产品上的厂房设备、经营管理等固定成本就会减少。②交易的规模经济。一次大规模的交易比分次的小规模交易加起来更节省时间，交易成本和运输成本也比较低。③储藏的规模经济。投入品购买后，产品出售前的存放集中，会因存放数量的增多而使得单位储藏成本减少。④专业化分工效益。从动态的角度看，长期的大批量生产交易，将使分工更加细化、专业化，从而产生新的技术、新的设施。[1]

---

[1] 邵金菊, 孙家良. 微观经济学 [M]. 杭州：浙江大学出版社, 2010:87.

定制生产和大规模、标准化生产是两种截然不同的生产模式。定制生产是为了完成消费者的个性化需求，为单独个人量身打造，不再提供标准化产品。那么，显而易见，定制生产就不能再获得规模经济所带来的成本降低的好处。因此定制生产出的消费品普遍具有较为昂贵的价格。其实在大工业时代和标准化经济到来之前，"定制"一直被认为是皇家和贵族的专属。英语里的定制一词"bespoke"据传就起源于英国伦敦的萨维尔街，意思是为个别客户量身剪裁。萨维尔街是现代定制西装的发源地，近三百年来，这里一直聚集着这座城市的顶级裁缝师。[①] 在中国古代，皇家的吃穿用度都是定制化的，御膳房、御医、尚衣局等专门为皇帝、嫔妃贴身提供饮食、医疗、服装等方面的服务。"一骑红尘妃子笑，无人知是荔枝来"这样的故事更是在民间广为流传，展示着皇室那可望而不可即的奢侈化生活。随着社会的变迁，大规模生产因为高效率、低成本的优势曾大大挫伤了高级定制的发展势头，战乱的爆发也曾使得高级定制陷入低谷。现代化的高级定制之风是从时尚之都巴黎兴起的。1858年英国人查尔斯·弗莱德里克·沃斯在巴黎和平街7号开设了第一家专门为顾客量身定制的高级时装店。法国皇后非常欣赏他的设计，并成为沃斯的客户，从此巴黎高级社交界开始吹起沃斯设计风。[②] 随着经济迅速发展，高级定制迎来了黄金时代，香奈儿（Chanel）、迪奥（Dior）、纪梵希（Givenchy）这些如今仍旧站在高级定制界顶峰呼风唤雨的品牌在这时就逐渐形成了自己的气候。那些几十万元的晚礼服、上百万元的顶级珠宝首饰价格昂贵，但也美艳绝伦，让那些富家名媛、大牌明星前赴后继地狂热追逐。

从定制消费的发展历史来看，定制消费品的价格一向让普通人望尘莫及。如今，因人们的个性化需求极为旺盛，定制生产观念也逐渐普及开来。除了像纪梵希、迪奥、香奈儿等这类国外高级的定制品牌，在中国也有很多设计师创立了自己的定制品牌。其中被称为"中国高级定制第一人"的郭培

---

① 韩一丹. 私人定制，从高端到平民的消费盛宴[J]. 生活品质，2014(4)：4-6.
② 匡迁. 我国发展高级定制时装的必要性[D]. 呼和浩特：内蒙古师范大学，2012.

创办的玫瑰坊是目前国内顶尖的高级定制品牌，她的衣服被众多一线明星穿着走向国际舞台。郭培认为，高级定制是不断追求质的过程。服装的质是一种格调，如果一件衣服没有格调就失去了价值。服装是有生命的，当你用心去创造的时候，穿上它的人也一定能感受到。在玫瑰坊，每一件衣服都是量体裁衣，高级定制的精益求精体现在每一个设计细节中。鞋无疑是服装最重要的配饰，玫瑰坊的鞋通过90%的手工装饰，达到与礼服融为一体的视觉效果。此外，郭培还设立了专门的首饰设计工作室，根据每位消费者的情况，综合其气质、容貌、身高、肤色和职业等各种因素，提出中肯的搭配意见。如郭培所说，玫瑰坊要让所有的到访者享受到"只属于一个人的尊贵"。

郭培设计的"中国嫁衣"系列是她的代表作之一，她传承了中国传统的嫁衣文化，大量使用古老的刺绣工艺，遍寻手工艺人，为完成一件嫁衣投入几千个小时的时间。近年来许多明星夫妇大婚时都是身着郭培设计的中国嫁衣，使传统的嫁衣文化得到普及和传承。其中一件中式嫁衣，绣满凤凰牡丹，五只蝙蝠寓意五福临门，耗时7981个小时才完成。一件潮绣裙皇嫁衣，全身彩金线龙凤纹刺绣，耗时7412小时。一金龙盘绣真丝嫁衣布满龙纹、立水、卧水的刺绣图案，耗时640小时。一件橘色凤彩裙褂，是郭培带领技师花费1880个小时精心制作出来的，金绣凤纹刺绣，华美惊艳。一件瑞兽紫金袍，用了罕见的彩色金线，耗时3985个小时。这些嫁衣也都价值不菲，据估计一件嫁衣价格在50万元左右。

郭培直言虽然她的设计比较贵，但她并非只为有钱人设计。她想让所有的中国女人都可以穿上这样的嫁衣迈入幸福的生活。为让这昂贵的定制产品飞入寻常百姓家，她办学校、建工厂、办刺绣班、培训手工艺人。这么做只是为了把每一件嫁衣的成本降到最低。从十几万元降到两万元一套是她的目标，也饱含着她对每个中国新娘最真诚的祝愿。郭培透露，玫瑰坊一年做3000件高级定制服装，其中，明星定制还不到300件，撑起玫瑰坊一年3000单业务的是大批非名人客户，比如妈妈为了女儿的婚礼或者孩子的毕业典礼也会在她那里定制衣服。在2015年上海高级定制周上，郭培的嫁衣秀惊艳全场。当记者问到对于开幕式主持人所说的一句话"现在的人只认识价格不认识价值，只认识品牌不认识品质"，郭培有什么看法时，郭培这样回答道："曾经我们对价格和价值没有很明显的界定，消费者对品质和品牌不是非常的了解，但是今天不一样，设计在于呈现，不是一个在图纸上的想法，所以更重要的是脚踏实地地做设计，所有的价值、价格、品牌、品质都是做出来的。你做出这样的差异，大家都会看到和理解，我觉得所有人看到我设计的东西，他们不会用价格来衡量，他们一定会说品质非常好，也许价格有一点高，因为我赋予了它太多，用时间和生命去专注对待一针一线，这都是价值的体现。"

从郭培设计的高级定制服装案例我们可以看出，定制生产本身都隐含着它的高定价和高品质。高定价和高品质这二者是相辅相成、互为依存的，一分价钱一分货，高品质必然需要高价格来支撑。若要享受"贵族"般的待遇，只能做"贵族"。即使这样，业界人士还是非常看好定制消费的发展，他们认为，定制消费是市场的一个大方向，随着经济的发展，有钱人越来越多，他们的经济实力足以让他们享受这样的高消费。在当前社会环境中，人人都想做不一样的自己。这种需求为定制消费提供了蓬勃发展的土壤。除了盛行已久的女装高级定制，男装定制、鞋子定制、珠宝定制、汽车定制、家电定制、家具定制、旅游定制等各种门类的定制消费也逐渐流行开来，为人们打造流光溢彩、色彩纷呈的生活。

随着人们生活品质的提升，定制消费不再可望而不可即，人们在追求品牌之余更希望打造一种超越时间的永恒感和一种别具一格的独特感。尽管很多定制的奢侈品制作需要花费数天、数月甚至更长的时间，但消费者们并不介意，他们愿意等待，因为对于消费者来说，花一定的时间拥有一个让自己与众不同的产品，是非常值得的。[①] 而且定制消费的高品质可以带给人们一种优越感，更重要的是其蕴含着丰富的文化底蕴，称得上是艺术品。正如郭培自信地说，我设计的嫁衣可以传承三代以上，让这种中国的嫁衣文化、家文化一直传承下去。

---

① 肖明超. 定制产品的消费心理解读[J]. 现代企业教育，2008(13):34-35.

三、为什么是品质革命？

（一）生产与消费时代性跃升

新中国成立初期面对的是一个饱经战乱，农业和工业生产都遭受严重破坏的局面。为了让全国广大的人民群众能吃饱肚子、穿暖衣服，国家不得不实行计划经济政策，发行票证，几乎所有的生活资料都要用票证购买。这一时期居民的消费生活甚至不能称之为真正意义上的消费，因为人们没有多少选择消费品的自由，市场上既没有充足的可供选择的消费品，人们手里也没有余钱去消费。当时人们的消费观念是奉行勤俭节约，节衣缩食只为温饱。

1978年中国共产党十一届三中全会召开，在深入调查研究基础上，国家决定从重点发展工业尤其是重工业转向首先保证农业和轻工业的发展。因此，在改革开放之后，农业和轻工业的生产水平得到有效的提高，日用百货品种增多，质量提升，日用消费品生产连续几年增长，市场上的消费品供给逐渐充裕。国家为了提高人们的消费水平，适时提高了全国的工资水平，人们尽管仍然不富裕，但比之前宽裕了一些。随着消费市场的丰富，票证制度逐渐取消，人们渐渐地能够自由地在市场上购买所需商品，享受"消费者"的权利。改革开放后新鲜商品层出不穷。服装流行样式一个接着一个，从牛仔裤到文化衫、休闲装、健美裤（踩蹬裤）、直筒裤、老板裤、萝卜裤、夹克衫、蝙蝠衫、皮大衣、西装、晚礼服、喇叭裙、一步裙、A字裙、超短裙、迷你裙等纷至沓来，花样百出，人们分辨着、追逐着、模仿着。第一代"四大件"——黑白电视机、自行车、收音机、缝纫机成为20世纪八九十年代青年新婚必备的大件商品。随着城乡收入差距的加大，消费逐渐出现了分层，城镇居民成为新鲜消费品的第一波粉丝，彩色电视机、收录机、洗衣机、冰箱这些第二代"四大件"都是先在城镇高收入人群中流行开来再逐渐进入到普通城镇家庭和农村家庭。与此同时，人们的文化生活也因电视机和电影的流行逐渐丰富起来。日本电影《追捕》在我国一经放映就引起不小的轰动，在精神生活比较贫乏的20世纪80年代,带给中国人许多快乐和期待。电影男主角高仓健穿着风衣的帅气形象让他成为当年风靡中国的"男神",也成为男青年学习模仿的榜样。

到了20世纪90年代,中国正式实行市场经济体制,中国市场就更为活跃起来,消费品生产呈现出一片生机勃勃的景象,人们的消费欲望彻底被释放出来。时髦的小青年们在腰间别上了小巧玲珑的BP机,更加富有的人则开始拿着当属奢侈品的"大哥大"过"大款"的生活了。20世纪90年代是中国女性服装潮流变化最快的年代。在大城市里,收入高的习惯去逛各种专卖店,收入低的也会光顾各种百货店、服装摊。一时间,服装市场门庭若市。中国女性开始注重服装的品牌、价格、款式,服饰大胆自由的风格在时装史上留下浓墨重彩的一笔。

步入21世纪,中国加入了世界贸易组织,融入经济全球化浪潮中。人们的消费选择不再囿于国内市场,国外知名品牌纷纷来华开店办厂,中国居民也可出境游顺便来个海外大购物,各种海购平台更是让消费者足不出户就可"购遍天下"。因此,中国消费者对商品质量鉴别的参照系变成了国外那些一流品牌的产品。这必然提高了中国消费者的心理接受阈限,国内某些低质量的品牌遭到了冷遇。

除此之外,还有一个因素也改变了人们的消费观念。那就是,社会节奏加快,人们的生活工作压力也变大了,这个时候消费不仅仅是为了购置生活用品,"买买买"还成了人们释放压力,放松自己的一种方式。人们需要更好的、更优质的商品来补偿辛苦的自己。

人们的消费观念也提高了一个层次,相比之前的"多即是好",如今则更为理性。宁可少买,也买好的。

(二)中国制造升级必由之路

在目前的新常态经济下,中国经济增长的突破口在"中国制造"的升级上。据统计,目前我国生产的消费品中,有100多种产品产量居全球首位。其中,家电、制鞋、棉纺、化纤、服装等产能占全球的50%以上,轻工、纺织出口占全球的30%以上,是名副其实的消费品制造、消费和出口大国。产业规模如此巨大，却难称制造强国，消费品有效供给不足的缺陷日益凸显，品种结构、产品品质、品牌培育等方面与发达国家的差距不容回避。① 与此同时，另一个不可忽视的现实是，一个规模可观的中产阶层正在中国兴起，其消费需求正从"有"向"优"升级。其中，以"80后"为主体的中产消费阶层被认为是此轮消费升级、品质消费的第一批觉醒者。他们对品质和服务有着严格的要求，更强调要有特定的生活方式和态度。据国务院发展研究中心估算，到2026年我国中产阶层人数将达到6亿人，形成巨大的消费需求。随着他们的消费观念由上至下地渗透，将会逐步唤醒更多的消费圈层，最终形成更注重品牌和品质的消费形态。

　　针对消费升级的趋势，面向越来越追求高品质、个性化诉求的消费者，为了提供与之匹配的产品和服务，把产品质量放在第一位，提供有品质的服务成为关键。尽管中国的服务业比重超过制造业，但制造业仍然是国家竞争力的核心所在。必须牢固确立制造立国的理念和政策导向，推动制造业由粗放经营转向精致生产，提高附加价值比重，向全球价值链的中高端提升。环顾世界，全球产业经济的竞争，已经从过去的"要素成本的竞争"转向"市场附加值的竞争"。② "品质革命"是赢得产品市场附加值的核心。在消费品工业领域明确品质革命的展开，可以引领整个制造业朝着品质提升的方向前进和发展。"中国制造"要以"品质革命"赢得市场附加值，这也是推动"制造强国"的必由之路。

---

① 蕊红. 消费品"品质革命"呼之欲出 [J]. 时代金融，2016(19).
② 高明，朱四海. 品质革命：产品赢得市场附加值的下一个风口 [J]. 福建理论学习，2016(06) 4-8.

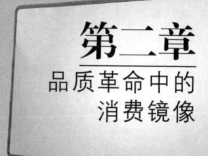

第二章
品质革命中的消费镜像

迈入 21 世纪的中国逐渐形成了鲍德里亚所描绘的"消费社会",在这个消费社会中奉行的是"消费主义"。阿瑟·林克和威廉·卡顿曾说道:"消费主义的兴起是资本主义扩大再生产和现代资本增值的内在需要和必然结果。"[①] 消费主义是现代社会经济发展的产物,是现代化发展过程中社会大众追求平等心理的一种外在表现。消费主义的产生必然具备了相当充足的社会条件:科学技术在生产中的广泛应用为消费主义的兴起打下了物质基础,都市化发展成为消费主义兴起的土壤,社会文化观念的世俗化为消费主义的兴起扫清了思想障碍。本章深度剖析消费社会中的消费镜像,挖掘其消费取向的本质内核。

第一节 消费主义的滥觞与反思

消费主义以满足人的最基本的消费欲求和心理需要而获得了世界的广

---

① [美]阿瑟·林克,[美]威廉·卡顿.一九〇〇年以来的美国史[M].北京:中国社会科学出版社,1983:192.

泛认同，其理念及其生活方式已经不再是西方社会的特殊产物和专属，它已经成为当代全球化现象的一个重要组成部分。消费主义也正在以一种独特而迅捷的方式，广泛而深刻地影响着世界各国的政治、经济。

对于究竟何为"消费主义"，众多专家学者给出了不同角度的解释。陈昕指出："消费主义指的是一种价值观念和生活方式，它煽动人们的消费激情，刺激人们的购买欲望，消费主义不在于仅仅满足'需要'（need），而在于不断追求难以彻底满足的'欲望'（desire）。换句话说，人们所消费的，不是商品和服务的使用价值，而是它们的符号象征意义。'消费主义'代表了一种意义的空虚状态以及不断膨胀的欲望和消费激情。"[①] 杨魁指出："消费主义是一种社会经济与文化现象，消费主义不以商品的使用价值为消费目的，而是主张追求消费的炫耀性、奢侈性和新奇性，追求无节制的物质享受与消遣，以此求得个人的满足，并将此作为生活的目的和人生的终极价值。"[②] "消费主义是一种全球性文化意识形态，是指一种生活方式。"[③] 毛世英认为："所谓消费主义，是指一种鼓吹在大众生活层面上进行高消费的价值观念、文化态度或生活方式。"[④]

虽然不同的学者对何谓"消费主义"有着不同的定义，但是他们的表述中共同的一点是都指出了消费的文化维度，它作为一种文化意识形态成为一种价值观和价值哲学。消费从而也成为人自我表达与认同的主要形式和意义来源，对商品的符号意义的消费过程构建了新型的社会统治与社会支配的方式，并且体现着一种新的社会生活组织原则。现代法兰克福学派学者马尔库塞认为："任何社会都会逐渐形成一套观念，向社会成员解释社会，从整体上理解社会，并为多数人接受，这就是意识形态。"[⑤] 而消费主义作为一种意识形态，就是让人们在对物的符号价值的消费过程中，形

---

① 陈昕. 救赎与消费：当代中国日常生活中的消费主义[M]. 南京：江苏人民出版社，2003：7.
② 杨魁，董雅丽. 消费文化：从现代到后现代[M]. 北京：中国社会科学出版社，2003：117.
③ 杨魁. 消费主义文化的符号化特征与大众传播[J]. 兰州大学学报，2003（1）.
④ 毛世英. 走出消费主义陷阱，建设和谐型消费文化[J]. 济南大学学报，2003（13）：4.
⑤ 陈刚. 大众文化与当代乌托邦[M]. 北京：作家出版社，1996：76.

成对自身与社会关系的理解和认同。

一、消费主义的滥觞

消费主义起源于19世纪末期，此时，美国成为第二次科技革命的中心，生产力的大发展带来的物质丰富使得美国出现了消费主义的萌芽。第二次世界大战之后，美国率先进入"消费社会"①，随之而来的是消费主义成为社会主流价值取向。中山大学王宁教授指出："消费主义作为一种消费模式和消费观念是现代化发展的结果，是在社会化大生产和大规模商品交换的基础上产生的。"② 20世纪60年代，借着世界经济复苏的东风，西方发达国家的经济迅速发展，大量增加的社会财富使得消费主义迅速波及西欧和日本，并对其社会产生了广泛而深刻的影响。随着中国的改革开放，中国的社会经济建设取得瞩目成就，一部分人成为改革开放的直接受益者，伴之而来的是私人财物的增加，这便成为消费主义在中国悄然而生的物质基础。舒咏平教授指出："当以商品符号为导向的消费主义的大规模消费需求成为事实上的存在时，越来越多的人卷入其所规定的符号需求及生活方式中，形成多种多样的欲购情结，使其无止境地追求高档和名牌。"③

（一）社会发展催生消费主义

消费主义是现代资本主义社会发展到一定阶段的产物。工业文明的成果使得社会生产力水平不断提高、经济迅速发展，从而使物质财富急速膨胀，商品经济的繁荣为人民提供了更多、更丰富的物质产品，这些都为生产和消费地位的嬗变提供了坚实的物质基础。鲍德里亚在《消费社会》中

---

① 消费社会是指生产相对过剩，需要鼓励消费以便维持、拉动、刺激生产。在生产社会，人们更多地关注产品的物性特征、物理属性、使用与实用价值；在消费社会，人们则更多地关注商品的符号价值、文化精神特性与形象价值。
② 王宁. 消费社会学——一个分析的视角[M]. 北京：社会科学文献出版社，2001：145.
③ 舒咏平. 品牌聚合传播[M]. 武汉：武汉大学出版社，2008：24.

说:"消费主义要求人们对物品的消费不仅局限于物品的使用价值,而是扩展到符号价值。"① 当这种对符号价值的消费占主导地位时,我们就进入了所谓的"消费社会"。消费社会中人们更多地关注商品的符号价值、文化精神特性与形象价值,在消费社会里主导人们的价值观念,就是消费主义。并且,消费主义随着资本主义全球体系的建立,也随之成为一种全球化的意识形态。美国后现代理论家詹姆逊曾经指出:"新的消费类型、人为的商品废弃、时尚和风格的急速变化,广告、电视和媒体迄今为止无与伦比的方式对社会的全面渗透,城市与乡村、中央与地方的旧有的紧张关系被市郊和普遍的标准化所取代,超级公路庞大网络的发展和驾驶文化的来临,这些特征似乎都可以标志着一个与战前社会的根本断裂。"②

工业革命以前,物质匮乏,品类不多,质量一般。生产与消费的辩证关系告诉我们没有生产就没有消费,在物质匮乏的原始社会人们的消费意识淡薄,消费兴趣不高,品牌接受淡漠,品牌诉求不强。原始的物物交换方式、一般等价物的缺乏、信息交流不畅通、交通运输不便利等限制了商品交换的发展,也限制了人们的消费需求和品牌意识,社会大众对物质的需要和满足仅仅处于追求温饱的状态。随着工业文明发展到一定程度,特别是机械化、自动化得到比较充分的发展以后,生产社会化和大规模商品交换催生了"消费主义",这是一种现代社会独特的消费模式和生活方式。现代社会的物质丰富不仅表现在量的增加,也表现在质的提高,种类繁多的现代商品和方便快捷的流通渠道极大地激发了人们的消费欲望和对优质品牌的追求。正如美国精神分析学家埃里希·弗罗姆所说,"现代社会不仅造出了物,也造出了对物的需求。"③

在消费主义兴起之前,旧有的消费模式始终围绕着满足人们生存所需这一基本功能,社会上缺乏高品质的优质商品,因为优质商品与普通商品在满足人们生存所需的基本功能上差异不大,人们就没有动力去开发生产

---

① [法]让·鲍德里亚.消费社会[M].刘成富,全志钢,译.南京:南京大学出版社,2005:91.
② [美]弗雷德里克·詹姆逊.文化转向[M].胡亚敏,译.北京:中国社会科学出版社,2000:19.
③ [美]埃里希·弗罗姆.生命之爱[M].王大鹏,译.北京:国际文化出版公司,2007:84.

优质商品,没有消费就没有生产。对于鲜有的优质商品,由于受到落后的信息技术和交通运输的限制,人们或者无从得知优质商品的信息,或者即使知道也缺乏购买或消费优质商品的渠道,所以人们对优质商品的消费意向不强,对优质商品的接受心理较为淡漠。既然优质商品与普通商品在满足人们生存所需的基本功能上差异不大,又由于流通渠道不畅通限制了优质商品的传播,商家就没有必要也没有条件进行大规模的品牌宣传,"酒香不怕巷子深"就成为人们的普遍意识甚至成为商家的骄傲。"消费主义"具有鲜明的物质主义特征,它已经超越了满足人们生存所需这一消费的基本功能,它主张消费至上,把物质的占有、感官的享受和心理的满足作为人生追求的主要目标;同时,"消费主义在突破了充饥防寒的基本需求后,在更大意义上成为界定人们社会地位的方式。"[①] 在这里,消费者将所消费的商品看作自我表达的主要方式和身份认同的主要依据,以及较高生活质量的标志和幸福生活的象征。

市场经济的繁荣发展使得消费主义思潮极大地激发了人们对优质商品的追求,品牌作为优质商品的符号象征,也越来越受到商家的重视和消费者的信赖。

(二)文化价值推动消费主义

享乐主义是消费主义诞生的思想基础。欧洲文艺复兴时期,大力主张物质欲望是人性的正常体现,文艺复兴倡导对物质和欲望满足的合法性。"在美国个人主义神话的现代转变过程中,消费意味着美国梦的实现。"[②] 这为现代消费主义的兴起奠定了思想基础。之后,随着资本主义生产出现过剩的局面,资本主义社会早期的"新教伦理"和禁欲主义已经不能完全满足经济发展的要求。此时,资本主义需要一种新的世俗化的思想来促进人们消费,以推动生产的发展。"个人消费和集体消费的不断增长,是财

---

① Grant McCracken. Culture and Consumption: A Theoretical Account of the Structure and Movement[J]. Journal of Consumer Research, 1986(6): 71.
② [美]詹姆士·罗伯逊. 美国神话美国现实[M]. 北京:中国社会科学出版社, 1990:244.

富为更多的人所享用，社会越发民主的标志。"① 这种信念的形成发展，推动了美国社会成为一个消费社会。这时具有务实观念的美国人以赢得金钱、荣誉和权力为人生奋斗的目标，以追求个人财富彰显自己的美德和人生价值。美国文化思想家丹尼尔·贝尔在《资本主义的文化矛盾》一书中说："现代文化的享乐主义是由资本主义本身制造出来的，起初是因资产阶级要将个人和个人欲望从社会管制中解放出来，其后则因大众消费经济的建立需要享乐主义的伦理以维持商品在市场上的流动。"

从根本上说，正是资本主义的发展，要求人们在思想上从禁欲主义的束缚中解放出来，并且进行一种无限制的消费，这样才能促进资本主义生产的发展。于是，消费主义作为一种倡导人们进行享乐主义消费的文化价值观念孕育而生。

二、消费主义的反思

当消费主义逐渐成为一种典型的和主要的社会生活方式时，一些敏锐的学者对这种社会变化趋势进行了深刻的反思，从消费的社会动机、消费的社会功能、消费的社会心理、消费的社会背景及其演变、消费方式形成的阶级基础等方面对消费主义进行了多方面的阐释，发表了一系列的真知灼见。这些充满智慧的反思深刻地揭示了消费主义的本质，启迪了人们对消费主义的认识。

（一）凡勃伦的"炫耀性消费"思想

1899 年，美国经济学家凡勃伦亲眼看到"镀金时代"的人们在曼哈顿大肆构筑豪宅，疯狂追逐时髦消费品，研究当时新兴上流社会崇尚消费的心理特质，出版了他的成名作——《有闲阶级论》。凡勃伦在《有闲阶级论》中认为，新兴的有闲阶级，在具备各种条件之后，就开始极力模仿欧洲上

---

① [美] J. 布卢姆等. 美国的历程. 上册. 第一分册 [M]. 北京：商务印书馆，1988:104.

层阶级的生活风格。也就是说，这个有闲阶级希望通过一种消费模式来展示自己刚刚到手的财富，从而获得一种精神或物质上的满足，而这种消费模式就是所谓的"炫耀性消费"（Conspicuous Consumption）。"一个绅士不仅必须尽情消费，并且要买对东西，所以，他必须知道如何正确地消费。他的休闲生活必须有正确的形式。因为他要有良好的仪态和生活方式，就是恪守炫耀性休闲与炫耀性消费的必备项目。"①

凡勃伦较早地涉及了消费的社会性动机与功能，他侧重于从社会心理和社会文化角度考察消费主义问题。在《有闲阶级论》中，他详细描述了当时特定的社会群体——新贵阶层或说"暴发户"的"炫耀性消费"。"炫耀性消费本身并不是一种没有目的的挥霍与浪费，其根本动机在于通过夸富式炫耀博得社会艳羡而提升其社会地位和声望、荣誉，从而获得社会性的自尊和满足。"② 也就是说，通过一些炫耀式消费活动，完成其社会性竞争与比较，这就使得炫耀性消费成为一种难以休止的金钱竞赛。正如英国文化理论家莫特所指出的那样，"凡勃伦的《有闲阶级论》发表以后，普通社会学研究的一大进步就是把消费作为现代社会内部权力关系的一个组成部分。"③

炫耀消费的结果是形成奢侈之风，造成财富的浪费。尽管对于从事炫耀消费的个人这种消费是有效用的，但他最终可能会在竞赛中难以自拔。炫耀消费不仅可由消费者本人进行，还可由其他人（比如侍从、家庭主妇、子女）代理进行，不仅表现为消费财物，还可表现为"消费"闲暇，其动机与功能也如出一辙。

尽管现在距离凡勃伦发表《有闲阶级论》已有一百多年，但是他所提出的"炫耀性消费"和"炫耀性休闲"的思想在当今社会依然具有强大的生命力。一百多年过去了，"炫耀性消费"成为席卷世界各个阶层消费者的思想风暴，以绝对的控制力把控着人们的消费行为，塑造着这个时代的

---

① ［美］凡勃伦. 有闲阶级论 [M]. 蔡受百，译. 北京：商务印书馆，1964：55-56.
② ［美］凡勃伦. 有闲阶级论 [M]. 蔡受百，译. 北京：商务印书馆，1964：117.
③ 莫少群. 20世纪西方消费社会理论研究 [M]. 北京：社会科学文献出版社，2006：15-16.

"有闲阶级"。

（二）齐美尔的"时尚"消费论

在消费社会中出现的一个神奇而充满魔力的审美标准就是"时尚"，这一标准涵盖了人们生活的方方面面——衣、食、住、行等。人人都被裹挟进时尚的潮流之中，在各方面努力跟上时尚的脚步，期望被别人称赞一句"这好时尚啊"，如此便心满意足。

关于时尚消费，德国社会学家齐美尔指出："时尚消费是示同和示异的结合。"[①] 所谓"示同"，就是借消费来表现与自己所认同的某个社会阶层的一致性；所谓"示异"，就是借消费显示与其他社会阶层的差异性。时尚消费使消费者获得了一种"群体成员感"。它使消费者获得了一种具有了进入某个"时髦社会圈"的门票的感觉，从而摆脱了对"落伍""不合拍"等"社会污名"的恐惧。时尚往往发源于社会较高阶层，然后渐渐成为较低阶层的参照，时尚实质上是一种标签，是通过物质消费来实现个人某种价值的一种体现。对于那些天性不够独立但又想使自己变得突出不凡、引人注意的个体而言，时尚是真正的表演舞台。如今的巴黎可谓是时尚之都，声势浩大的时装秀成为全世界社会名流们争相露脸的舞台，在这里生产的时尚将引领世界的潮流。那些名流正是通过加入这种时尚活动而渐渐巩固了自己"名流"的身份和地位，保持着和那个阶层的同步性和紧密性。

齐美尔认为时尚是一种社会再生产的区分机制，他曾在《货币哲学》一书中指出："时尚是社会需要的产物，它以自身的方式和逻辑重构社会，一方面它使既定的圈子和其他的社会圈子相互分离，另一方面它使一个既定的社会圈子更加紧密——显示了既是原因又是结果的紧密联系。"[②] 因此，在时尚舞台上真正展现的不是或者说不主要是个体的喜与悲、苦与乐，

---

① ［德］齐美尔. 时尚心理的社会学研究 [M]. 上海：上海人民出版社，1994:8.
② ［德］齐美尔. 时尚的哲学 [M]// 齐美尔论时尚（一）. 北京：北京大学出版社，2009:8.

而是社会各个阶层、群体以及社会空间分化与整合的社会逻辑。事实上，这也是消费的社会本质之一。

齐美尔特别关心的是现代货币经济对生活风格造成的客观化以及以专门化生产为基础的消费扩大等现象，它们造成一种去个人化并且对立于主观个人的客观力量的增长，同时也使得人们对个体性的需求高涨。这是齐美尔在讨论时尚与时尚的快速发展时的重要历史背景，勾勒出个人主体所遭遇到的保存个性的难题，而时尚具有化解难题的效果。

齐美尔更加专注于从日常消费生活中把握消费主义的现代性意义，在其《时尚的哲学》《大都市与精神生活》等论著和文章中指出，随着现代城市的兴起，为满足新兴消费阶层的消费欲望和消费心理，各类休闲娱乐文化设施及场所数量激增，已成为规模消费和个性消费的集散中心；但是由消费造成的竞争、仿效等心理压力随着现代城市生活的支离破碎、神经衰弱、过度刺激和神经亢奋而日益膨胀。

齐美尔对现代消费生活的反思被认为具备鲜明的后现代特质，也是较早探讨现代性问题的理论家之一。

（三）鲍德里亚的符号消费论

对消费社会和消费主义的本质反思最为深刻，阐释最为详尽的是法国哲学家和社会学家鲍德里亚，他洞察了现代社会"符号消费"这一本质特点。在鲍德里亚看来："消费的前提是物必须成为符号，符号体现了物品消费中的人际关系以及差异性。"[①] 人们在消费物品时，看重的是物品所表达或标志的社会身份、文化修养、生活风格。因此，鲍德里亚认为："人们的消费要求突出物品的符号价值，即物品的象征意义，以满足展示自己个性、品位、身份、地位的欲望。"[②] 比如人们在麦当劳快餐店买一个汉堡包，表明我们是这个快节奏流动社会的一部分；人们喜欢买"宝马"牌轿

---

① ［法］鲍德里亚. 物体系[M]. 林志明，译. 上海：上海人民出版社，2001：223.
② ［法］鲍德里亚. 消费社会[M]. 刘成富，全志钢，译. 南京：南京大学出版社，2001：73.

车而不是"现代"牌轿车,不是"宝马"牌轿车更有用处,而是因为前者令人感到居于一种更高的地位。符号消费使物品越来越具有了"文化"意味,并标志着人们消费层次的提升和生活质量的提高;消费品的文化内涵丰富了消费的内容,使人在得到物质满足的同时也得到了精神享受;符号消费蕴含着对精神观念价值的认可,体现了一种更高的消费格调。与此同时,现代广告推动的符号消费,使得现代消费中对审美情趣的追求越来越普遍,人们的日常生活日益美学化,大众文化与精英文化之间的界限越来越模糊,从而打破了艺术与大众的隔膜,使艺术和美学的趣味不再为精英阶层所垄断,体现了现代消费日益民主化的趋势。

鲍德里亚指出,现代消费与以往的最大区别就是符号消费。基于这一理念,他对消费进行了全新的定义:"消费既不是一种物质实践,也不是一种富裕现象学,它既不是依据我们的食物、服饰及驾驶的汽车来界定的,也不是依据形象与信息的视觉与声音实体来界定的,而是通过把所有这些东西组成意义实体来界定的。消费是在具有某种程度连贯性的话语中所呈现的所有物品和信息的真实总体性。因此,有意义的消费乃是一种系统化的符号操作行为。"① 符号化的消费自然绝非一种可有可无的摆设,而是有其存在价值和社会功能的,"消费是一种道德维系符号和群体团结的系统,它同时是一种道德(一种意义形态的价值系统)、一种交往系统、一种交换结构"②,消费系统是以符号代码(物/符号)和差异性为基础的,"消费是一种集体性的和主动性的行为,是一种约定,一种道德,一种制度。它是一种彻头彻尾的价值系统,该词蕴含着群体团结和社会控制"③。不难看出,鲍德里亚更加重视消费背后的意义和表征内涵,因为这些意义的作用在现代社会日渐突出,甚至会超出物的占用和使用本身。

鲍德里亚认为,符号消费意味着现代社会的消费已经超出维持生存水

---

① [英]J.雷契.让·鲍德里亚的符号价值[J].世界哲学,2004(4):71-73.
② [法]鲍德里亚.消费社会[M].刘成富,全志钢,译.南京:南京大学出版社,2001:108.
③ [法]鲍德里亚.消费社会[M].刘成富,全志钢,译.南京:南京大学出版社,2001:231.

平，开始加入了文化的、感性的因素，消费者不再只是简单的理性经济人，而是越来越具有非理性的倾向——当人们不再使消费局限于"使用价值消费"的时候，人们就在一定意义上超越生物性限制的本质而体现出人自由的、开放性的本质。这是人性丰富性的展开，是人性全面性的彰显。

因此，符号消费的产生是对人类长久以来就存在的象征性消费的现代继承，它扬弃了单纯的"使用价值消费"的狭隘性，是消费文化在社会发展到物质丰裕阶段的必然表现，有着积极的社会文化意义。

事实上，从文化社会意义上分析消费，可以看出消费大多是符号性的，只有程度不同的区别而已。鲍德里亚对符号的强调，其实也是对消费的文化社会意义的一种强调。

上述几位学者对消费社会和消费主义所进行的反思都意义非凡，影响深远，成为人们理解消费主义的代表性思想理论。除此之外，一些学者也从自己的角度对消费主义作出了阐释，比如里斯曼的"他人导向"型消费思想和布迪厄的"品位区隔"思想等。

第二节 消费主义的表现特征

现代观念下的消费主义其消费目的不是为了实际需要的满足，而是在不断追求被制造出来、被刺激起来的欲望的满足。可以说，消费主义生活方式是由商业利益集团以及附属于它们的大众传媒，通过广告或各种商业文化和促销艺术形式推销给大众的一种生活方式。消费主义的特征表现为"为消费而消费，消费就是一切，一切为了消费，消费一切，不顾一切地消费"[①]。

---

① 戴锐. 消费主义生活方式与青年精神 [J]. 青年研究，1997(8):31-35.

一、满足欲望消费

在消费主义的影响下，消费活动的本质发生了改变，过去意义上为满足需要的消费转变成为满足欲望的消费，即对欲望本身的消费。消费的目的不再是为了实际需要的满足，而是在不断追求被制造出来、被刺激起来的欲望的满足。人既有物质需要又有精神追求，通常物质需要仅仅是为实现更高水平精神追求的手段，它不是目的。在物质条件和自身能力允许的情况下，为了节省时间或体力，为了有益于身体健康和自身发展，适当满足自身的享受性需要，在一定程度上是合理的，也是必要的。但是消费主义却将消费的目的改变了，消费者在传媒的鼓吹下，盲目追求商品对自身的满足欲求，消费行为本身不再具有理性和节制，即不考虑对某一商品的消费是否必要，就是"跟着感觉走"的消费。消费的目的也不再是为了满足生存或发展的需要，而是为了满足日新月异的物欲享乐需求，似乎永无止境的物欲享受才是人生追求的终极目标[①]。

消费主义已经超越了满足人们生存所需这一消费的基本功能，而是重视物质消费并通过实现对物质的占有来使人们得到心理上的满足。它是生活方式的异化或物化，它主张消费至上，把物欲的满足、感官的享受作为人生追求的主要目标和最高价值。在消费主义的观念支配下，一个不关心精神需求的人常常为购买了一件款式时尚的商品而欣喜，为享用了一顿饕餮盛宴而满足，为出入了某个高档的场所而自豪，为拥有了别人达不到的高消费水平而骄傲……为需要而购买的消费观念变成了为享受而消费，而每次物质欲望的阶段性满足带来的都只是短暂的快乐，这短暂的快乐很快就被更新、更大的欲望所替代，在新的物质欲望支配下，这些人不得不再次投入到新一轮物欲享受的追逐中去。为了满足自己的物欲要求，他们不择手段地谋取金钱利益，急功近利地对待工作，出卖尊严地自我炒作，有的为香车豪宅而淡漠了亲情，还有的甚至做出违背道德、违反法律的行为，

---

① [英]迈克·费瑟斯通. 消费文化与后现代主义[M]. 南京：译林出版社，2000:107.

并付出惨痛的代价。因此，消费主义的享受性看似合情合理，实际上却是万恶的根源之一。

二、重视符号消费

在消费主义的观念支配下，最需要的不一定是物的使用价值，而是物的符号象征意义[①]。商品不仅仅是一种商品，更多地被看作一种符号，一种代表身份、地位或能力的符号，看作取得社会认同、彰显社会等级的主要手段之一。商品的符号价值产生于其示差性：通过符号实现与其他同类商品的不同，更重要的是使它的消费者显示出在品位、身份、地位等方面的独特性。当人们消费商品时，其实是在消费这种象征性符号意义，并通过这个过程来界定自己。

消费主义重视的是商品所象征的人的关系或差别性而非商品的实物，在这里被消费的商品和物质的象征意义与它们的使用价值已经脱节，甚至没有必然的联系。消费者只是将所消费的商品看作自我表达的主要方式和身份认同的主要依据，看作较高生活质量的标志和幸福生活的象征。比如，一个人口渴了，应该买水来解渴，但看到社会上都流行喝可乐，就觉得喝可乐特别时髦、特别有面子，于是不管是否必要、对身体是否有益，也跟着买可乐喝。好像不喝可乐喝白开水就是老土，就代表落后，而选择水还是可乐，就是区别人们老土或时髦的一种符号。同样，住大房子还是住小房子就变成了成功与失败的象征。这样，各方面的消费都变成了或时尚或尊严或成功或地位的一种象征，消费已不再是单纯的消费，不再是单纯对物的需要的满足，而成为一种表征社会身份、被大家广为接受的符号。在这样的一个环境里，越来越多的人被卷入其中，去消费一些自己并不需要或并不适合的商品。

在消费社会中，人们借助商品的符号意义，借助符号消费来表现和维

---

① ［日］星野克美. 消费文化符号论[M]// 符号社会的消费. 台北：远流出版社，1998：214.

持一种社会差距，以取得社会地位，于是，当人们进行消费时，社会关系也就显露出来。在这个意义上，可以说，消费主义的本质特征就是对"符号"的消费。

三、过度性消费

消费主义所倡导的消费具有挥霍浪费性的特点，消费呈现非理性化。以生存、发展为目的的消费注重的是商品的使用价值，消费的多少以人的生存和发展需求为限，因此它必然是节俭型的消费。但是消费主义所倡导的消费是享受性的消费、象征性的消费，人们的消费完全超出了生存和发展需要的基本界限，因此，这种消费不可避免地具有挥霍浪费的性质。追求享受，就可以饕餮盛宴，声色犬马；追逐时尚，就不断地将还能使用的物品更新换代，哪怕是物品仍具有使用价值，也会变成"垃圾"被扔掉；相互攀比，看重消费所带来的符号价值，就对豪宅、香车、名表一掷万金。挥霍性的消费不仅使人们陷于不健康的生活方式之中，而且越来越多的社会财富和社会资源被浪费。为迎合人们的口味，商家不断将商品推陈出新，制造时尚的商品，时尚来去如风，商品的寿命也越来越短，一批批很快地被淘汰。这种消费方式对资源的浪费非常惊人，难怪有人惊呼我们把子孙的资源都消耗掉了！

近年来气候异常，生态失衡，濒危物种几近灭绝，也跟人类挥霍性的消费方式不无关系。倪瑞华认为："消费主义倡导的是一种物用过就扔的一次性消费，耐用消费品是类一次性消费。商品的使用与否不取决于它的使用价值，而是看它是否合潮流、时尚，我是否喜欢。"[①] 陈莉认为："浪费还表现在对消费品的过度包装，甚至包装的成本要大于消费品自身的价值。"[②] 金平认为："消费主义下的消费者吃穿讲排场，对什么事情都讲究

[①] 倪瑞华. 可持续消费：对消费主义的批判 [J]. 理论月刊, 2003(5).
[②] 陈莉. 消费主义与可持续消费的困境 [J]. 青年研究, 2001(5).

大操大办。"①

　　消费主义的大规模消费需求是出于资本的增值、现代社会经济不断扩大再生产的惯性发展、经济全球化的发展等多方面的需要，被人为地制造出来并不断地加以推动。在这个过程中，所有的人不分等级、地位、阶层、种族、国家、贫富，都卷入其中，使人们永无止境地追求不断提高的消费。现代生活节奏加快，消费者的消费兴趣和观念不断更新，"消费者的精髓，不再是一组可测量的具有明显特征的需要，而是欲望这一比需要短暂多变、难以捉摸、变幻莫测得多，而且重要的是比需要更无所指的实体，一个不需要其他证明和理由的自我遗忘、自我驱动的动机"②。

　　综上所述，"消费主义"是伴随现代化发展而产生的一种大众消费模式、价值观念和生活方式。"消费主义"是现代化发展到一定阶段的产物；它具有鲜明的物质主义特征，主张消费至上，它将所消费的商品看作自我表达的主要方式和身份认同的主要依据，以及较高生活质量的标志和幸福生活的象征。总而言之，"消费主义"是指一种鼓吹在大众生活层面上进行高消费，并把消费看作人生最高目的的一种消费观和价值观。

第三节　消费主义在中国的影响

　　随着全球化趋势的加剧，西方消费主义对我国经济发达地区带来了非常显著的影响。随着中国的改革开放以及世界经济一体化进程的加快，中国成为世界第二大经济体，消费主义思潮伴随着西方物质产品和消费方式开始涌入中国，不断冲击着人们已有的消费观念和价值取向。一方面，消

---

①　金平. 论消费主义产生的原因与遏制措施[J]. 青岛行政学院学报，1999(2).
②　[英]齐格蒙特·鲍曼. 流动的现代性[M]. 上海：上海三联书店，2002:54.

费主义在带动消费、增加技术与文化的含量以及满足人们多样化的需求上有一定的积极作用；另一方面，消费主义带来的无止境消费、炫耀性的生活哲学等负面影响也需要人们反思。

消费主义的传播逐渐对我国的社会、政治、经济、文化等领域产生了深刻的影响，改变着我国传统的文化观念和价值观念。面对消费主义的种种表现，需要我们用理性的思维去辩证分析，适时对其积极作用及其负面影响进行评判才能更好地把握消费主义在中国的传播与影响。

一、消费主义的中国图景

自改革开放以来，随着中国经济的高速发展，中国的消费环境日新月异。中国的消费者增加了对美好物质生活向往的渴求。从一定程度上讲，收入的提升助长了消费主义、享乐主义的盛行。出于社会比较及炫耀的目的，中国消费者提升生活品质必须通过标志性消费品来衡量，其购买决策自然而然集中到质量和功能相同而价格更好的商品之上，奢侈品消费便是最好的选择。

从宏观角度而言，消费主义尤其奢侈品消费在带动国内消费，加速中国经济发展中的作用不容忽视；从中观层面来看，伴随经济飞速发展，消费主义增加了品牌企业的技术含量并同时丰富了消费文化内涵；从微观上讲，消费主义满足了中国消费者的多样化的商品需求并实现了自身的社会价值。

（一）消费主义带动中国国内消费

消费主义在很大程度上带动了中国国内的消费规模和层次，这主要体现在中国消费者数量不断增长，同时消费层次也越来越集中在诸如奢侈品消费等之上。近年来，伴随经济发展，消费主义带给中国消费者一种新的消费族群与消费文化，加上新兴富裕人口的不断增加，消费主义的特征在新兴富裕阶层消费中越来越明显。

据中国品牌策略协会（China Association of Branding Strategy）称，中国有 1.75 亿消费者有能力购买各种品牌的奢侈品，占总人口的 13.5%。其中有 1000 万～1300 万人是活跃的奢侈品购买者，约占总人口的 0.7%。[①] 基于庞大的购买人数及较快的消费增长率，不难预见，消费主义在带动中国国内消费，加速中国经济发展方面的作用不容小觑。

（二）消费主义助力技术文化提升

近年来，消费主义与中国经济的快速发展密切相关。一方面，消费主义的崛起是中国经济高速发展的社会呈现；另一方面，中国经济的快速发展是消费主义不断上升的基础。就消费主义而言，对中国当下社会的影响主要体现在两方面：技术的不断提升和文化软实力的增强。

第一，消费主义助力技术提升。在当下中国社会，无论是在繁忙的都市写字楼，还是在喧闹的街头巷尾，中国消费者的手中都掌握着各类高端电子产品。中国消费者购买各类高端电子产品的强大需求在一定程度上促进了包括中国自主国产电子品牌在内的整个行业技术的不断提升。随着社会经济繁荣和人们生活条件的改善，中国消费者越来越重视个人消费工具的科技化及社会服务的智能化。当下中国消费者的生活，也是高端智能生活、科技生活的真实写照。智能个人工具、智能家用电器、智能社会服务在中国消费者生活中不断普及，进而在无形之中不断促进技术提升，而中国社会消费主义的崛起则是助力技术提升的不竭动力。

第二，消费主义增强文化软实力。法国社会学家布迪厄研究布尔乔亚式的中产阶级时发现，消费成为中产阶级保持和提升其社会地位的手段。就中国社会而言同样如此，消费主义浪潮下，中国不断形成所谓的新"消费阶层"。这些阶层群体在消费过程中，形成不同的文化欣赏品位，从而达成本群体的社会认同，并与其他不同品位的群体相区隔。伴随中国近些年经济的快速发展，消费阶层群体规模和数量不断扩大，中国消费者消费

[①] 转引：中国：新的奢华风潮．安永会计师事务所，2011.

商品的类别及层次也显著提高,这在一定程度上使中国社会呈现繁荣景象,最终增强了中国当下文化软实力。

(三)消费主义满足多样化需求

消费主义在中国社会的崛起,在一定程度上满足了中国消费者多样化的商品需求,而多样化物质需求的满足最终实现了中国消费者的自身社会价值。美国著名经济学家、哈佛大学经济学教授哈维·莱宾斯坦(Harvey Leibenstein)提出了消费社会中人们消费的从众、独特与炫耀三种动机。从众性是为了获得社会上大多数人的认同,以获得群体中的社会价值;独特性是为了感觉与他人不同,以获得独一无二的价值;炫耀性是为了炫耀其财富与社会地位,以获得虚荣的价值。可以看出,消费主义满足了中国消费者的多样化需求。

消费主义背景下中国消费者的多样化商品需求体现在以下三个方面。

第一,商品的独特性需求。消费主义带来的商品独特性来自于制作材料的稀缺与生产的限量性,同时也表明只有少数人才能拥有的价值。例如,消费主义带来的中国消费者奢侈品消费的增加,正是源于奢侈品品牌的稀少与独特。在消费主义背景下,中国消费者得到了"大多数人所渴望,但只是少数人才能拥有"的商品独特性需求的满足。

第二,商品的愉悦性需求。在消费主义狂潮下,中国消费者购买商品已远远超越物质需求,美感、完美、愉悦性、自我实现已成为中国消费者购买商品的个人导向动机。消费主义背景下的中国消费者处于一种象征符号生产过剩的社会之中,面对多样的消费社会,现代中国人越来越重视美学体验。选择哪件服饰,购买哪种品牌都以美学作为指导,表现其特定想法,获得情感上的愉悦。

第三,商品的自我表达需求。在消费主义影响下,中国消费者购买商品的理由不再只局限于功能,还注重商品的自我表达需求,具体体现在某种仪式与自我的时尚。中国社会自古重视仪式,仪式在消费主义背景下能彰显中国消费者的身份与品位;当下中国,自我时尚意味着中国消费者通过商品来不断充实自身新生活的可能性及自我快乐的实现。

二、消费主义的中国反思

(一) 文化消费商业化

文化观念在商品的价值评估中起着日益重要的作用，尤其是传媒无孔不入地兜售暗藏消费主义意识形态的符号和形象，操纵着人们的欲望与趣味。

英国学者西莉亚·卢瑞认为，"消费文化是20世纪后半叶出现在欧美社会的物质文化的一种特殊形式"[①]。尽管中国与西方发达国家在经济发展水平上有相当的距离，但是作为后现代主义的消费主义文化正日益充斥中国的媒体，"消费文化的幻影演变为日常生活的审美哲学"[②]，以消费主义为代表的现代资本主义文化也必将得到更快和更大范围的传播。正如英国学者汤林森指出的："我们已经是自身社会演化'利益体的一部分'，其重要意义在于我们与我们的'消费文化'关系暧昧。无论是就理论上或实际上，我们都不能从批评它进而推展成为完全地排斥它，因为我们是其中的一部分，而它也是我们的一部分，因为我们依附它而生存，它也满足我们的许多需求。"[③]这表明中国媒体已逐步走入全球化的轨道，与全球媒体发展趋势相一致，它正日益把大众生活特别是消费文化作为其传播的重心，而"消费的符号性使消费本身具有了文化的意义"[④]，让物品的文化内涵逐步走向了商业的轨道，从而使文化消费走向了商业化，冲击着传统的文化观念。我国传统的文化消费是以人为本的消费文化，以人的发展和享受为中心，促进人类全面发展的文化。然而，在消费主义的冲击下，消费文化

---

① [美]丹尼尔·贝尔. 资本主义文化矛盾[M]. 赵一凡，海隆，任晓晋，译. 北京：生活·读书·新知三联书店，1989：68.
② 邵长鹏. 小康社会的消费主义批判[J]. 学术论坛，2013(5)：17-21.
③ [英]汤林森. 文化帝国主义[M]. 冯建三，译. 上海：上海人民出版社，1999：230.
④ [英]埃德蒙·利奇. 文化与交流[M]. 卢德平，译. 北京：华夏出版社，1991.

通过商业化的运转并过分传播，给我国社会、经济、政治、文化的发展带来诸多不利影响，这值得我们警惕。

（二）消费水平与消费观念两极化

消费主义影响下呈现出的是消费多样化和消费观念的转变。随着社会对财富和利益分配格局的根本重构，一个优越、富裕、有足够消费能力的社会新富群体正在形成，他们是今后中国消费的主体，也是消费潮流的创造者和引领者。中国人消费过程中所表现出的符号化特征更多是由这个阶层来实践和体现的，但这个阶层的人数非常有限。与此同时，中国还处于经济的转型期，随着两极分化的加大，在有限资源的分配中必然会使一部分人的生活水平有所下降。

现阶段我国出现的消费主义及其影响的种种具体表现，与西方国家曾经发生的消费主义的危机有着许多相同之处："面对着喧嚣而来的消费主义文化，向往过上现代生活的人们的焦虑、不安、烦躁、困惑，以及由此造成的人际关系的紧张与不和谐，在一定程度上将是难免的。"[①] 然而，"为了树立一种更放纵的消费体制，必须创造能够使消费合理化的理由，这种理由不仅能够容忍消费，还要能够引起和鼓励消费。"[②] 大众传播的过分消费主义化宣传尽管可以激发人们对新生活的向往，但毕竟离人们的生活有相当的距离，消费水平还远远不能与消费观念相匹配。

因此，面对消费主义带来的这些变化，政府和社会要鼓励那些高消费的人群更多地承担社会责任，更多地帮助那些弱势群体。通过对消费主义的反思，进一步引导人们树立健康、理性的消费观念和消费意识。

（三）消费畸形与非理性化

消费的畸形和非理性化首先表现在过分的奢侈消费，这是一种不惜花

---

① 黄平. 未完成的叙说 [M]. 成都：四川人民出版社，1997：97-98.

② Anders Gronstedt. The Customer Century: Lessons from World Class Companies in Integrated Marketing and Communications, 2006.

费大量钱财追求过分享受的消费,这样的消费是对资金和资源的极大浪费。一些家庭为了追求过分享受超前消费,大肆举债购置豪华用品,已成为高负债家庭,有些家庭债务比例已经达到甚至超过美国等发达国家,这是必须警惕的。

陈晓明在《挪用、反抗与重构——当代文学与消费社会的审美关联》一文中指出:"对当代中国的社会性质下定义是极其困难的事,这个社会包含的因素、涵盖的历史是如此丰富,以至于我们确实无法在一个统一的意义上来描述它的特征。不管我们承认不承认,一个蓬勃旺盛的消费社会正在中国兴起。"[1]日本著名学者堤清二[2]在《消费社会批判》一书中认为:"消费社会也可以在产业社会的某一特定社会阶层'成熟'起来的场合出现。"清华大学孙立平教授[3]在《断裂——20世纪90年代以来的中国社会》一书中提出当今社会正在进入"耐用消费品时代",并具体分析了在"耐用消费品时代"中国社会所面临的诸多困境。

消费的畸形和非理性化其次表现在假冒伪劣的国际奢侈品品牌频频出现,且大有市场,这是一种侵犯知识产权、违背信誉、侵害消费者权益的违法行为;同时也折射出中国部分消费者的畸形消费主义心理。2012年,在广东、湖北查处多起假冒国际奢侈品品牌的案值均超千万元的案件;2013年,福建石狮市的两家生产假冒国际名牌的服装厂老板被判刑;2014年,广州黄埔海关对市场采购出口商品进行查验时一次性发现3批假冒伪劣国际品牌商品,货值超2000万元人民币,被查获的假冒品牌产品有4万多件;2015年2月,安徽警方发布通告,称过去的一年查获假冒名牌皮具、箱包、手表、打火机共6700余件,涉案价值1.45亿元。假冒伪劣的奢侈品品牌案件如此之多,其反映的是有些国内消费者贪图便

---

[1] 陈晓明.挪用、反抗与重构——当代文学与消费社会的审美关联[J].文艺研究,2002(3):4-16.

[2] 堤清二,日本著名学者,实业家。

[3] 孙立平,清华大学社会学教授,全书为《断裂——20世纪90年代以来的中国社会》,首次提出"断裂社会"的理论观点,耐用消费品是指那些使用寿命较长,一般可多次使用的消费品。

宜，消费明知是假货的国际奢侈品品牌。显然，对于奢侈品消费挡是无法挡住的，而是需要建立科学理性的奢侈品品牌消费观念，并为我国的经济发展、人民的生活水平提高服务。

以上论述，使我们无法回避这样一个现实：自改革开放以来，随着GDP的逐年增加，人民生活的日益富足，中国社会正逐渐地从一个以生产为主导的社会转变为一个以消费为主导的社会。"消费主义在中国的扩散表明，支持这种生活方式的意识形态正在中国日常生活中取得文化主导权地位。"[①] 我们无法回避西方消费主义给我们的社会所带来的影响，尤其是在我们的生活方式上的影响。随着大众文化本土化与传媒的消费主义化趋势的渐进，人们的生活消费方式日益受到消费主义的影响。

三、构建中国特色消费模式

学者张文伟曾指出："消费主义不仅是现代化发展过程中社会成员追逐平等心理的一种外在表现，还是现代社会文化世俗化的结果。"[②] 消费主义作为一种文化价值观，正在随着以消费为主导的经济全球化向我国蔓延。为避免和克服由消费主义及其所引导的过度消费给我国社会带来的一些消极影响，要求我们建立和发展一种合乎和谐发展要求的，并且符合核心价值观的适度消费模式，即适合我国国情的中国特色消费模式。

（一）人性化的消费模式

人性化的消费应当是合理的消费，即以人为目的消费。"人是自然性与超自然性的统一体，既是感性的存在物又是超感性的理性存在物；既有形而下的各种物欲的追求，又有形而上的精神与理性的追求。如若没有充足的物质生活条件，人的生命存在就无法得到保障；但若仅仅有充裕的物

---

① 陈昕. 救赎与消费：当代中国日常生活中的消费主义 [M]. 南京：江苏人民出版社，2003:16.

② 张文伟. 消费主义的兴起与现代化的发展 [J]. 理论月刊，2005(6)：36-38.

质生活条件，而没有了精神、没有了自由、没有了理想，人也未必会得到快乐、幸福。"①

人的生存和发展离不开物质生活资料的生产与消费，但消费不过是实现人的存在价值的形而下的手段与过程，而不是人的存在价值的终极目的。如果我们把形而下的消费过程当作终极目的来认同，把人生的全部意义倾注于物质生活，就会出现精神迷失，最终难以实现社会的发展。

因此，人的消费不仅仅要满足人的物质生活需要，还要满足人精神生活上的各种需要，实现人的全面发展，使人的体力和智力上的各种潜能都能得到充分的展现。人的需要应当成为支配消费的唯一目的，相对于人而言的物的使用价值应是消费的真正价值论基础，消费必须体现出对人的终极关怀。

（二）绿色生态消费模式

自然的承载力是有一定限度的，一旦超过其临界点，生态平衡就会被打破，而生态危机必将阻碍人的发展。因此，合理的消费就要倡导生态消费，要符合生态系统的要求，有利于环境保护，有助于消费健康。生态消费实质上就是要求正确协调人与自然的关系，只有人类赖以生存和发展的自然生态环境和谐有序，人的发展才能走上可持续化道路。生态消费要求我们把握消费尺度，既要满足主体生存和发展的需要，又要确保资源和环境的永续开发和利用。

为此，我们必须树立和贯彻人与生态环境和谐共处、协调发展的环保意识。反对出于贪欲对自然资源的肆意掠夺和对生态环境的破坏行为，保护生物资源的多样性，在经济和社会生活上要把人们的消费和享乐限制在不破坏生态环境、不挥霍地球资源的条件下，引导人们进行绿色消费。选择未被污染或者有助于公众健康的绿色产品，尽量使用耐用型产品，不用

---

① 马克思早就指出，在未来社会"人以一种全面的方式，也就是说作为一个完整的人，占有自己全面的本质"。

一次性产品，注意商品的维修和再使用，在消费过程中注重对垃圾的处置，不污染环境。作为市场经济主体的企业应当将环保原则纳入到生产决策中，开发对人体及环境无害、易于回收利用的绿色产品，进行清洁生产，提高各种自然资源的利用率，在生产过程中应尽量消除或减少各种有毒有害的副产品的产生和排放，注重废弃产品的回收和再处理，大力开展环保文化建设，塑造良好的企业环保形象。

（三）可持续消费模式

消费必须遵守可持续发展的原则，顾及人类整体利益和长远利益，力求实现人类在代际之间和代内在资源利用和消费上的公正、平等。学者王成兵指出："可持续消费观在强调需要满足的同时又强调需要的限制，要求人的消费向生态化方向转化。"[1] 限制并非取消，限制人的需要并非不要消费，并非取消人对消费需要的满足，而是主张在对基本消费需要满足的基础上限制不正当的消费需要，限制大肆挥霍浪费、严重破坏生态资源的消费。它要求人们应从长远、整体的角度实现人类消费需要的持续满足和整个社会的进步，这是对发展和消费需要满足活动的更高层次的一种整合。

也就是说，可持续消费并不否认人的需要的正当性，并非不要人类满足自己的现实需要，它也强调人的需要应当得到满足：既满足当代人的需要，又不对后代人的需要构成危害；既要满足世界上所有人的基本需要，又要使科学技术为提高人的生活质量创造条件。

随着消费主义的过分传播以及消费主义的生活方式对自然环境和能源造成的负面影响日益突出，绿色主义、生态主义和环境主义运动的兴起，也构成了一股遏制消费主义的力量。这就要求我们在对消费主义进行反思的同时，更需要建立一种健康、理性的消费模式。

当前，我国正在构建中国特色社会主义市场经济，和谐发展、可持续发展成为社会经济发展的主题。经济全球化对我国政治、经济、文化、社

---

[1] 王成兵. 消费文化与当代认同危机[J]. 江海学刊，2004(2)：41-43.

会等产生的影响,要求我们建立人性化的、绿色生态化的和可持续化的理性消费模式。

第四节 消费镜像中的品质内核

在当今中国社会中,人们虽然大多受到消费主义文化的影响,在消费中可能出现我们在前面所阐述的满足欲望的消费、重视符号消费和过度消费等行为特征,但是广大居民由于各自经济收入水平、固有消费观念等因素的影响而在实际消费中呈现多层次消费的特点。一般说来,分为三个消费层次——大众消费、品牌消费和奢侈品消费。不同层次的消费其消费取向也有所差别,大众消费追求性价比,品牌消费追求品牌品质,奢侈品消费追求的是极致品质。不过,在多彩纷呈的消费镜像背后隐藏着一个共同的核心消费取向,那就是品质。

一、大众消费的性价比

随着生产力的发展,社会上消费品的生产供给量有了很大的提升。经济收入水平的普遍增长让大多数人都有机会和资本参与到消费中来。因此,大众消费时代到来了。这里所说的"大众消费"指的是大多数普通老百姓的消费行为,主要是对个人生活消费品、家居日常消费品、耐用消费品等方面的消费。随着国家经济的发展,大众消费品也在逐渐升级换代,新中国成立以后,人们的消费从基本的食品、衣物扩展到收音机、缝纫机、电视机等第一代耐用消费品,再慢慢发展到如今的智能手机、个人电脑、智能家居产品等各式各样消费品。

对于大众消费来说,他们主流的消费观是理性消费,是一种"消费者严格遵守边际效用理论,能够通过仔细分配自己的资源达到追求效用最大化和满足最大化的消费行为"。受中国传统文化的影响,中华民族形成了重节俭、重计划的消费习惯,在消费时比较注重实惠和耐用。大众消费行为很大程度上受到价格因素的影响,注重消费的性价比,倾向于用较少的成本获得较高的价值。

性价比是一个比值概念,即商品的性能值与价格值之比,其具体公式为:性价比=性能/价格。性能是指产品具有适合用户要求的物理、化学或技术特性,通常包含了产品的功能和质量两个方面。大众消费时,普遍选择性价比高的产品。需要强调的是,所谓性价比高并不意味着产品的价格一定要非常低,而是在多方仔细比较同类商品之后,那些在品质和性能上处于相同水平,但价格相对较低的产品才成为消费者心中所认可的性价比高的产品。比如,家庭在购买空调时一般都会首先关注三个指标参数:制冷量、能效比和噪声。消费者购买空调不仅需要一次性支付空调的售价,还要承担空调使用过程中的耗电费用、维护费用。所以理性的消费者一般都要比较空调的制冷效果、耗能情况以及使用空调时人的舒适度。长期来看的话,还要考虑到空调的寿命、维护费用、质量可靠性以及售后服务水平等。在多方对比空调的这些指标参数,了解了空调的性能和品质之后,再看价格高低,进而根据性价比高低做出购买决定。

因此,我们可以看到,在追求高性价比的大众消费中,首要且重要的一点就是消费者对商品性能和品质的严格要求。虽然价格是一个不可忽视的重要因素,但是受大众消费者青睐的是那些实惠的高品质精品,这才是看重性价比的大众消费的本质所在。所以,高性价比并不意味着便宜,而是内涵地约束和要求着产品的高品质、高性能。

二、品牌消费的品牌品质

如今,我们生活的世界几乎是一个由品牌组成的世界。在当今社会,绝大多数消费者都有"认牌消费"的观念,那些对生活质量要求比较高的中产阶级更是如此，他们在选择生活中所需要的产品和服务时都会首先考虑那些名气大、熟悉的品牌。其内在原因我们可以从"现代营销学之父"——菲利普·科特勒对"品牌"的定义参透一二。他说："本质上说，从一个品牌上能辨别出销售者或制造者。它可以是一个名字、商标、标志或符号……品牌的要点，是销售者向购买者长期提供的一组特定的特点、利益和服务。最好的品牌传达了质量的保证。"从这个定义，我们可以看出，品牌既是在纷繁庞杂的市场上指引消费者认清产品或服务提供商的鲜明旗帜，也内涵地向消费者传达着对品质的保证。

首先，一个能够被消费者认可的品牌并非一朝一夕即可创办的，其身上倾注了创始人甚至几代人数十年、数百年的心血，能在残酷的市场竞争中存活下来，品质必须经得住考验。因此，卓越的品牌就代表着卓越的品质。这种对品质的保证赢得了消费者的信任，让他们觉得安全放心，因此消费者选择"认牌消费"。"同仁堂""青岛啤酒""全聚德"等这些优秀品牌历经百年风雨，如今风采更胜，在消费者心中就是"卓越"和"放心"的代名词。

其次，从经济学的角度，消费者直截了当地购买自己熟悉和市场知名的品牌商品，可以节约搜寻商品信息的成本，降低消费的风险。市场上的产品过于繁杂，而且质量良莠不齐。如果消费者随意购买一件没有品牌保证的商品，那么它很可能品质不佳，让消费者遭遇经济损失和使用风险。而在长期的消费体验中，那些业已熟悉的知名品牌的品质得到了检验和认可，消费者直接选择它们，就免去了在市场中试错的风险。比如，购买空调，我们会首先想到"格力"品牌；购买电视，我们会首先想到"海信"品牌；购买厨电，我们会首先想到"方太"品牌。原因正是如此。

以上分析表明，大多数人秉承的"认牌消费"观念正是因为品牌向它的购买者隐含着产品质量和同一性的保证[1]，是一种保护性的承诺。消费者"认牌消费"图的是安全、放心、踏实。

---

[1] ［英］保罗·斯图伯特. 品牌的力量[M]. 北京：中信出版社，2000：2.

三、奢侈品品牌的极致品质

全球无以计数、档次不一的品牌形成了一座"品牌金字塔",而在这金字塔塔尖上的无疑就是那些在全球叱咤风云的奢侈品品牌。不言而喻,顶级的品牌消费也就是指奢侈品品牌消费了。众所周知,近些年来,中国一直是奢侈品消费大国。中产阶级对奢侈品的热爱吸引了全球奢侈品品牌到中国落地设店。出国旅游的中国人在当地狂热购买奢侈品成为一道熟悉的风景。在这热热闹闹的乱象之后,我们必须明白,购买奢侈品绝不仅仅是"暴发户"式的狂热或者炫耀身份地位的高调行为。奢侈品品牌那让人无可抗拒的魅力来自于其内在和外在的双重卓越品质。

从奢侈品的外在品质上来说,它们有着顶级的制造工艺、独特的时尚设计、珍奇稀缺的制作原料等,有着极致完美的品质,是毋庸置疑的"好东西"。对于大多数奢侈品消费者来说,顶级品牌所拥有的顶级品质是他们选择的理由。以世界名表品牌百达翡丽举例来说,创办180多年以来,它为全世界的制表行业提供了技术和审美标准的最高准则,代表了瑞士制表工艺的最高峰。在当前大规模批量生产的工业时代,百达翡丽是唯一坚持用手工精制钟表的制造商。它在制表过程中特别注重细节,每一个零部件和机芯的生产都由极其严格的质量控制程序实施监控,从而保证无以复加的精确性。一些特别的零件因为尺寸太小,裸眼几乎无法看清,工匠需要佩戴放大镜工作。制作一枚百达翡丽表盘需要4到6个月时间,包括装饰工艺在内,有50到200道工序不等。一款百达翡丽的产品从设计到制造一般需要经过4年的研究开发,再经过9个月的生产和3个月的装嵌及品质控制,然后才能出厂。这种严谨精细的手工制作工艺是任何机械设备无法复制的,正因此打造了百达翡丽在制表领域无出其右的极致品质。

除了完美绝伦的外在品质,奢侈品品牌还有着难以复刻、独特经典的个性气质,这是它最能吸引人的内在品质。一般来说,奢侈品品牌都有悠久的历史传统、传奇的品牌故事、丰富的情感内涵以及独特的经营理念等。这些文化价值为奢侈品品牌赋予了灵魂和内涵。有着180多年历史的百达翡丽见证了时代的变迁，历尽岁月的洗练，拥有着老者一般的智慧和稳重。古往今来，世界上多少独领风骚的风流人物都曾为百达翡丽痴迷，为后世留下数不尽的传奇轶事。岁月流逝，斯人已去，而钟表依旧留在世间，讲述着时间的故事。正如百达翡丽品牌宣传口号所言："你实际上并不拥有一只百达翡丽表，你只是为你的下一代照看它，代代相传，由你开始。"历经岁月的百达翡丽所提供的不只是一款钟表，而是生生不息传递的情感。同时，手工打造的百达翡丽绝不存在任何两款一模一样的钟表，每一款都是独一无二的。在这个大规模制造的工业时代，拥有一款世上唯一的产品毫无疑问将在心理上带给消费者一种难以言说的顶峰体验。另外，百达翡丽在制表上所秉承的追求极致完美的经营理念也让无数成功人士为之钦佩，佩戴这样一个品牌的手表实现了消费者和品牌在精神上的共鸣和契合。

可见，在略显狂热的奢侈品品牌消费背后，其实是对奢侈品品牌内外兼修的极致品质的认可。

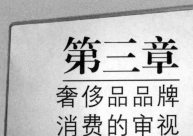

第三章 奢侈品品牌消费的审视

奢侈品作为一种超出人们生存与发展需要范围的，具有独特、稀缺、珍奇等特点的消费品，它与一般产品消费的最大不同就在于消费者更多的是要满足生存等基本需求以外的精神和文化需要，借此建立和保持他们的社会自我。这种自我是超越他人的，是社会地位和社会财富的象征。正像美国经济学家凡勃伦在其《有闲阶级论》中所述："通过接受消费模式来展示其与众不同的社会地位，从而获得一种精神或物质上的满足。"[①] 同时这种社会自我也包含对优雅精致生活的追求。

---

① ［美］凡勃伦. 有闲阶级论[M]. 蔡受百，译. 北京：商务印书馆，1964:79.

第一节　奢侈品品牌及其价值

一、奢侈品品牌的内涵

奢侈品的概念本身就是模糊的，主观性和相对性很强，不同的人有不同的理解。对于奢侈品品牌的定义，一些学者也从不同的侧面给出了各自的一些认识。

保尔·皮拉格拉斯（Phau Prendergast）认为"奢侈是一个主观的概念，奢侈品品牌需要做到唤起人们对其独一无二性的认识，最终成为一个著名的品牌，要具有较高的品牌认知度和感知质量"。[①]

卡普菲尔（Jean Kapferer）认为"奢侈品品牌一定是那种所有人都渴望得到，但只有幸福的少数才能消费得起的品牌"。[②]

雷斯特·约翰逊（Lester Johnson）将奢侈品品牌定义为"最高层次的威望品牌，它包含一系列有形价值和心理价值，如炫耀性价值、唯一性价值、社会价值、享乐价值和质量价值等"。[③]

通过上述材料，对于奢侈品品牌内涵，我们大体能够寻找到其中关键的字词，比如独一无二、少数、威望、炫耀等。因此我们可以这样来定义奢侈品品牌：奢侈品品牌是以高消费能力人群为客户群体，具有优质产品载体和鲜明文化风格，能为目标客户带来更多有形价值和心理价值，如质

[①] Phau G. Prendergast. Consuming Luxury Brands: the Relevance of the 'Rarity Principle' [J]. Brand Management, Vol. 8. 122-138.

[②] Jean Kapferer. Managing Luxury Brands [J]. Journal of Brand Management, Vol. 4. 251-260.

[③] Vigneron Franck, Lester W Johnson. A Review and Conceptual Framework of Prestige-Seeking Consumer Behavior [J]. Academy of Marketing Science Review, 1999(3):237-261.

量价值、炫耀性价值和享乐价值,并且有着极高品牌资产价值的品牌。

二、奢侈品品牌的特征

奢侈品品牌涵盖着生活的方方面面,也影响着生活的方方面面,从流行时尚到国家文化,从穿衣吃饭到学术研究,无处不在。这不禁让人感慨,奢侈品品牌究竟有着何种特质,以至于人们如此着迷?下面从社会学、经济管理学角度来阐述奢侈品品牌的基本特征。

(一)富贵身份的象征

奢侈品(Luxury)源于拉丁文①,所以,奢侈品从一开始就指可炫耀的东西。奢侈品通过其品牌视觉识别系统传达了这个目的。"奢侈品是人类本性和社会生活的重要组成部分"②,从社会学的角度上说,奢侈品是贵族阶层的特有物品。它是地位、身份和权力的象征,它代表了贵族的形象。虽然现代社会民主化,但人们的"富贵观"并未改变,奢侈品品牌恰好迎合了人们的这种本能需求。

本书21位受访者有15位在访谈中多次提到"富有""富贵""阔气""非富即贵""有钱"等字眼,突出显示出奢侈品消费者很在意奢侈品品牌带来的富贵身份象征。其中,下述访谈对象颇具代表性:

张先生,40岁,武汉某商业地产开发商:

"买这辆400多万元的宾利就是因为它显得高档,车里面的内饰是环形设计,非常高贵。我喜欢它,因为它外观高贵,开在大街上,特别阔气,别人看了也都会认为能开这车的"非富即贵",这年头人都为了脸面,打拼了这么多年,谁不想提高自己的身份呢?"

---

① 英语中的"奢侈品"起源于拉丁词 luxus,原意为"极强的繁殖能力",后演变为奢侈、奢侈品。
② [法]Vincent Bastien, Jean-Noel Kapferer. 奢侈品战略[M]. 谢绮红,译. 北京:机械工业出版社,2014:3.

从上述开发商的谈话发现，其一段话中六次出现显示身份的词语，即"高档""高贵""阔气""非富即贵""身份"等关键词语，不难看出，富贵身份的象征是人们消费奢侈品品牌的重要原因。

在西方消费者眼中，英国的"劳斯莱斯"汽车就是贵族车的象征。1925年推出的超长型"幻影"（Phantom）就被英国女王选为专车并作为接待外国元首的开道车。自1875年起专为英国供应雪茄烟的古巴"罗密欧"品牌，后来打造出了丘吉尔首相最喜爱的雪茄——长度178mm的"丘吉尔"(Churchill)型号，至今这款雪茄已经举世闻名。可以肯定地说，"富贵"元素是奢侈品品牌的核心价值。

（二）彰显唯美气质

奢侈品必须是最具美感的商品，而品牌正是彰显奢侈品唯美气质之关键。不管人们有多少种审美意识，但对奢侈品只有一种，那就是"看见就赞美"。奢侈品品牌所服务的产品必须是"最高级的"，这种"最高级"必须从外观到品质都能体现。"奢侈品彰显出的是一种传统艺术美学"[1]，正因为人们对其美丽奢华赞叹不已，它才能为主人带来荣耀。所以说，"奢侈品品牌理所应当彰显更多的可见价值——完美无缺的视觉形象"[2]。那些购买奢侈品的人大多不是在追求实用价值，而是在追求全人类"最美好"的感觉。

在深度访谈过程中也发现彰显唯美气质是奢侈品消费者的另一重要需求。以下奢侈品消费者颇具代表性：

严女士，40岁，美籍华人，现居住北京，家境富裕的全职主妇：
"我从小出生在美国，接受的是西方教育，后随夫事业发展回到中国。

---

[1] Aron O'Cass and Hmily Frost. Status brands: Examining the effects of non-product-related brand associations on Status and conspicuous consumption[J]. The Journal of Product and Brand Management, 2009 (11): 67.

[2] ［日］岩仓正枝. 奢侈品应该这样卖[M]. 田龙姬, 译. 北京: 中华工商联合出版社, 2010: 217.

我在美国其实就形成了追求唯美东西的习惯,举个例子,上周我陪丈夫出席晚宴的礼服是在意大利定制的Gucci Première系列限量版,这可是奥斯卡影星出席颁奖典礼穿的哦,香水是上周丈夫从巴黎带回来的香奈儿新款,也说不清楚为什么,总之,聚会的时候,这些东西能显示我的唯美气质!"

从严女士的谈话中不难发现,奢侈品品牌能给所有者带来精神上的满足。

香奈儿5号香水广告中妮可·基德曼身穿的粉红纱裙,用了140米绢纱和250根鸵鸟毛以及3000颗银色水钻,光彩夺目、熠熠生辉。1847年创立于巴黎的"卡地亚"珠宝,不仅代表了阶级、财富、高贵和品位,还是美丽永恒的象征。意大利的"宝格丽"珠宝品牌,一开始沿袭了法国学院派的严谨风格,但在1934年融合希腊和罗马古典主义的精髓,又加入了意大利文艺复兴时期和19世纪罗马金匠学派的形式,逐渐演绎出自己特有的奢华经典。所以说,没有美感享受的奢侈品绝不可能诞生出一个悠久的品牌,这是奢侈品品牌最为骄傲与自豪的地方。

(三)突出独有个性

现当代每一个奢侈品品牌都有着独有的、不可复制的个性和风格,且都自觉树立起个性化大旗,创造着自己品牌的最高境界。"奔驰"追求着顶级质量,"宝马"追求着驾驶乐趣,"劳斯莱斯"追求着手工打造,"法拉利"追求着运动速度,而"凯迪拉克"追求着豪华舒适。它们独具匠心,各显其能。也正因奢侈品品牌独特的个性,才更显示出其尊贵的价值。

强调专属需求,突出商品的独有个性,也反映在一部分奢侈品消费者的身上。如下访谈对象就具有代表性:

周先生，21 岁，北京某高校学生，在山西有家族产业继承：

"我从小很多东西都是独有的，我拥有的小伙伴也从来没有见过，所以一直到今天，我其实骨子里面有了'专属'情结，我从来不要别人有的东西。我选的商品一定是限量款，甚至独有款；买回来，我喜欢改装，这样才唯一独有。例如，我有一辆法拉利 Enzo XX Evolution，这是属于有钱也未必能买得到的，我还特意委托欧洲的朋友帮忙把内饰做得更运动奢华些。这样才是属于我自己的法拉利。"

从以上访谈中发现，突出独有个性是一部分奢侈品消费者的需求。

法国的拉菲（Chateau Lafite Rothschild）葡萄酒，在 14 世纪已经相当出名，它需要 10 年存放醇化期，而且波尔多地区的海洋气候、沙砾土壤以及平均 40 年的葡萄树龄，让它的风味芳醇馥郁，细腻独特。在 1985 年伦敦佳士得拍卖行售出的一瓶 1787 年产的拉菲酒，成交价 16 万美元，成为全世界最贵的葡萄酒。在我们看来，"奢侈品品牌往往有意识地创造着独一无二的商品形式"①。个性化使它们在自己的领域"独领风骚数百年"。

（四）恪守专一价值

奢侈品品牌都有自己非常专一的领域，它不会随意延伸扩张版图。"所谓品牌的定位专一性，指的是品牌只服务于某一个产品或某一类产品，并且品牌性质不可改变。"② 品牌多元化经营一般被认为是品牌管理大忌，对于奢侈品品牌来说，多元化是对品牌的一种自我藐视。

恪守专一价值在很多奢侈品消费者身上也有体现。他们追求品牌的唯一性、专一性，在他们心中认为某一个品牌就是某种商品的代表。以下访谈对象具有一定的代表性：

---

① ［美］弗雷德里克·詹姆逊. 文化转向 [M]. 胡亚敏，译. 北京：中国社会科学出版社，2000：109.

② 余明阳，杨芳平. 品牌学教程 [M]. 上海：复旦大学出版社，2007：191.

潘小姐，30岁，单身，北京某上市公司高级经理人：

"我选择奢侈品品牌的主要原因是看中品牌的专一属性，可能和我性格有关吧，我喜欢简单、干练、纯净的商品，我不希望自己选择的品牌具有多种商品属性，比如皮尔·卡丹指的就是服装，如果有皮尔·卡丹化妆品我觉得太难接受了，而护肤品牌我只选择 La Prairie 护肤系列，并且只在国贸的 La Prairie 专柜订购，你知道现在护肤品牌太多太杂了，但 La Prairie 只是护肤系列品牌，稍微懂点儿护肤品的都知道这是瑞士的一家专门研究活细胞抗衰老的护肤品牌。"

从上述访谈者的描述中不难看出，奢侈品品牌的消费者很在意品牌的专一性，某个品牌只代表某种特定商品。

20世纪60年代末，皮尔·卡丹服装从定制经营到普及特许生产以后，已经不是一个真正的奢侈品品牌了。皮尔·卡丹先生在接受记者采访时曾说："我是一位像詹姆斯·邦德（电影中代号007的英国特工）一样的冒险者。"正是这样，这位服装大师不仅购买了马克西姆餐厅，还曾经把品牌延伸到酒业，生产了一批"皮尔·卡丹"葡萄酒，结果失败了。营销有规律，假如市场上推出一款"劳力士"牌洗发水，一定会贻笑大方。因此，不改变品牌性质，保持定位，恪守专一价值，对奢侈品品牌来说是一项非常艰巨的任务。

（五）大众距离感

奢侈品品牌在市场消费定位上，是为少数"富贵人"以及成功人士服务的，是属于小众的。奢侈品品牌的消费者大都不愿意使用一个人人都可拥有的商品，因为这样便不能与大众产生一种距离感、优越感。

在深度访谈过程中，我们发现有诸多奢侈品消费者具有距离感、优越感等消费心理，例如下述访谈对象：

王先生，28岁，家境优越，自由职业者：

"我基本上就是活在朋友圈里,我喜欢自由自在,家里之前给我找过一个蛮稳定的工作,但我觉得那里太单调了,不到一个星期我就离开了,从此再也不想去工作,只想每周和我的好朋友聚会,我们聚会的话题也多是谁拥有了一个最新的、好玩的奢侈产品,基本每周我的那些哥们都会带过来普通大众听都没听说的品牌,我们都觉得这是一种距离感、优越感,我自己也常常炫耀自己拥有而他们没见过的品牌。"

对大众而言,距离产生美。"制造大众距离感的常用方法就是抬高价格门槛,采用超高定价策略,通过极高价格让人自惭形秽,用昂贵之法拉开大众距离。"① 一辆9米长的"凯迪拉克"车价格是60万美元;市场上流行的"劳斯莱斯"幻影标准版最低价也要46万美元;顶级法拉利 Enzo 销售价格65万美元,然而排队还买不到。所以对多数人来说,奢侈品品牌只能是"梦寐以求"的品牌。认识品牌的人与实际拥有品牌的人在数量上形成巨大反差,这正是奢侈品品牌的魅力所在。

(六)深厚的历史传统

历史声誉是奢侈品品牌的重要内涵。奢侈品品牌的文化价值主要来自于它的历史声誉。一个品牌的历史越长,它的文化内涵就会越深厚。从品牌溯源来看,品牌亦是有血统的。

有一部分奢侈品消费者在意的是奢侈品品牌深厚的历史传统,如下述访谈对象:

董先生,58岁,北京某知名公司董事长:

"奢侈品啊,我基本上是最近几年才使用过,我们这一代人,不像年轻人,我们年轻时包括前些年创业的时候哪关注什么品牌啊,都是有吃穿用的就行了。这两年有一些朋友开始给我介绍你们所称的奢侈品品牌。但

---

① 李强. 社会分层与贫富差距 [M]. 福州:鹭江出版社,2000:73.

我购买或使用有一个原则,我特别在意品牌的悠久历史,比如我们国家的一些"老字号"品牌。即使现在有朋友给我介绍一些国外品牌,我都要问他们这些品牌有什么特别之处,历史啊,传统啊,包括使用的名人啊。我上周给太太买的金婚钻戒是Cartier的,这可是英国王室的珠宝供应商,其为英国王室制作了27顶王冠。我喜欢奢侈品品牌的文化和历史。"

从上述访谈对象身上不难发现,他们消费奢侈品品牌一般是因为其悠久的历史、荣耀的地位、无与伦比的传统文化价值。

英国"芝华士"威士忌来自于19世纪苏格兰的阿伯丁镇的芝华士(CHIVAS)兄弟。中国"茅台"酒演变于贵州茅台镇的"赖氏"家族。在1929年一个名叫赖永初的人从父辈那里继承了公元前135年汉武帝时期就有的"枸酱酒"①酿造之法,兴建了后来著名的"恒昌烧坊"②,这就是最早的有品牌名号的茅台酒了。中国的"大红袍"号称帝王之茶,因为古代有个学子进京赶考,途中病危于武夷山下,幸亏僧人以寺庙茶水解救并得以高中状元。恰逢皇后腹胀疼痛,御医无术,状元于是在关键时刻献茶,皇后饮后病好如初。皇帝见状就对武夷山上的茶树赐"红袍加身",于是该茶叶顿时身价百倍,名扬天下。由此可以看出,奢侈品品牌的历史传统,往往带给该品牌更多的文化情怀和历史声誉。

(七)顶级品质的代表

奢侈品大都是采用珍贵原材料加上专属工艺而制造出来的顶级品质的产品。每一个奢侈品品牌都有自己的独特工艺、专属的原材料产地和专属工人,历经长时间的精准制造,才打造出奢侈品品牌应有的高质产品。

本文访谈的奢侈品品牌消费群体中,几乎所有受访者都认为之所以选择奢侈品品牌,是因为奢侈品品牌本身即是顶级品质的代表。例如B先生

---

① 枸酱酒,源于战国时代中国西南夜郎国。由枸树果实聚花果酿造而成,古人酿造果酒无下胶、精滤过程,酒体浓厚不清,故称为"枸酱"。

② 恒昌烧坊,最早的有品牌名号的茅台酒前身。

的以下叙述：

B先生，25岁，"富二代"：

"我的爱好就是收藏和品鉴名表，现在我的收藏品中有几个是顶级品牌，像劳力士的探险家。我之所以看重这些顶级品牌的手表，主要是感觉顶级品牌做工精致、功能强大，应该说顶级品牌就是顶级品质。我出去的时候经常会戴上它们，朋友们也经常说这表戴上去就不一样，一眼看去就是顶级品质，我们有时候还会讨论表的做工等细节，大家一致认为，精致的做工成就顶级的品牌。"

从上述访谈对象以及他身边的朋友的看法中不难发现，诸多奢侈品消费者之所以选购该奢侈品品牌，其中重要一点就是奢侈品品牌是顶级品质的代表。

伏特加应该是俄罗斯人的骄傲，但世界上名气最大的伏特加品牌却来自瑞典。1879年瑞典人拉斯·奥尔松·史密斯[①]发明了连续蒸馏法，使酒的纯度大大增加。1975年奥胡斯酒厂采用这一先进工艺技术，酿制出了后来大名鼎鼎的"绝对伏特加"（Absolut Vodka）。瑞士是表的王国，伯爵表最早出现于1874年，在20世纪60年代它率先使用黑玛瑙、绿松石及青金石等彩色宝石做表面，被誉为"表坛珠宝大师"。在20世纪80年代，它制造了一款世界上最昂贵的男装土石腕表，表中使用了154克铂金，296颗钻石，还有一颗熠熠生辉重达3.85克拉的蓝色美钻，总价值350万瑞士法郎，堪称奇迹。看看那些古典的奢侈品，我们可以毫不避讳地说："奢侈品就是原料决定一切"[②]。今天，奢侈品品牌已不仅仅是传统精湛工艺的代名词，更是由精湛工艺制造出来的顶级产品的代表。

总之，奢侈品品牌包含了以上七个特征，通俗的表达就是富贵的品牌形象、彰显完美无缺、与众不同的个性、恪守专一价值、价格昂贵、拥有

---

① 拉斯·奥尔松·史密斯（Lars Olsson Smith），瑞典酒业传奇人物。
② 李雨婷. 奢侈品牌的品牌延伸策略[J]. 营销策略，2008(5)：78-79.

历史声誉、顶级品质性能。正是这七个方面的特质，使得奢侈品品牌在全球畅销，被无数消费者追随。

三、奢侈品品牌的价值

奢侈品品牌的价值除了奢侈品自身具有的商品属性，以及作为一种品牌而带来的效益之外，更多的是奢侈品品牌自身蕴含的不可复制的文化与历史传统[①]，其设计的独特与稀有及其珍贵性。

（一）商品的品质价值

任何奢侈品品牌都有自己的生存之本——产品（服务）。无论是用来遮羞蔽体的衣服，还是装饰美容的珠宝、化妆品或是代步而行的汽车，它们可以满足人们某种生活需要。每一个奢侈品品牌都有为之自豪的产品（见表3-1），以其优良的品质吸引着众多消费者。

表3-1 部分奢侈品品牌的核心产品

品牌	中文名称	核心产品
Bentley	宾利	汽车
Burj Al-Arab	伯瓷	酒店
Rolex	劳力士	手表
Chanel	香奈儿	时装、香水
Estee Lauder	雅诗兰黛	化妆品
Tiffany	蒂芙尼	珠宝
Cohiba	高斯巴	雪茄

资料来源：据世界品牌实验室《2005世界顶级奢侈品品牌TOP100排行榜》整理而得

与一般产品相比，奢侈品品牌的产品在品质与服务上是绝对的精益求精。奢侈品往往采用一些自然存在的珍稀原料结合稀有而精湛的工艺制作而

[①] 文化是奢侈品消费中最大的因素，这能让那些不像最富有的顾客一样有能力花那么多钱的顾客更好受一些，文化提高了人们对独特性和稀有性的理解。奢侈品品牌不能没有根基，不能没有能够赋予品牌非商业内涵的历史，这个历史书写了某种神话，创造了一座独特性和无可比拟性的圣殿。这一切都构成了一个辉煌的宝藏，同时又是每个新产品都赖以为生的纯正的血脉之源。

成,可以说"奢侈品天生具有稀缺的特性"[①]。奢侈品使用这些材料的行为符合人类追求新奇的特性。LOTOS[②](顶级眼镜品牌)称卖出的最昂贵的一副镜架价值49万多欧元,镶在上面的44颗钻石足足花了他们一年的时间来寻找。稀缺的工艺也是品质的重要保证,它一定程度上是产品独特性的来源[③]。路易十三是世界上最尊贵的干邑之一,它的原料百分百取自干邑中心地带"大香槟区",蕴涵1200种最古老、最独特、最珍贵的"生命之水",由四代酿酒大师历经50到100年的精心调配,单独陈酿于特制55升大容量的"蒂尔肯"橡木桶,酿成后被盛装于有"皇家血统"的水晶酒瓶中,该瓶身有法国路易十三皇室徽章——欧洲百合花,瓶颈部分用24K纯金加以雕饰,瓶底和瓶塞都刻有独一无二彰显身份的序号,由经验丰富的工匠师经过75个步骤纯手工完成。

例如,LV的旅行概念在电影《穿越大吉岭》中得到了巧妙的穿插,突出了LV高品质皮箱的价值。陪伴主角一家穿越印度的,是Louis Vuitton品牌的定制皮箱,以旅行为概念的电影主题,也恰好契合LV品牌一直以来所希望传达的品牌理念。品牌借助电影的剧情,巧妙地塑造了品牌的形象。一部成功的电影的宣传作用,胜过很多乏味空泛的电视广告。

此外,严格的质量关卡、不断的工艺创新以及提供最大范围的优质服务等,无不给消费者在功能性享受上带来美好的体验,这些都是奢侈品本身的商品价值所蕴含的。人们不惜高价购买奢侈品的一个重要原因就是这些奢侈品品牌存在质量优势,这也能满足富贵阶层与其他阶层拉开距离感的心理需求。

---

① Dannielle Blumenthal. Brand New[J]. Government Executive. Washington: Mar. 1, 2007(39):3.
② 源自德国的罗特斯(Lotos)眼镜,1872年经其祖上创业,这个百年企业至今保持着纯手工制作。"一副Lotos镜架的价钱相当于一辆Bentley汽车",Lotos总裁这样来形容他的产品。为了奢侈而奢侈,是拥有罗特斯(Lotos)品牌眼镜的最好理由。
③ 郭佩君. 奢侈品品牌资产研究[D]. 上海:复旦大学,2008.

(二) 文化的沉淀价值

现代社会的消费实际上已经超过实际需求的满足,变成了享受物品"意义"的消费。换句话说,已经由物质的消费变成了精神的消费。人们购买某种商品或服务主要不是为了它的实用价值,而是为了寻找某种"感觉",体验某种"意境",追求某种"意义",营造某种"氛围"。因而,奢侈品品牌的价值不仅仅在于由材料和工艺构成的产品本身,更重要的是它所代表的品牌理念、精神诉求和人文内涵。虽然每一个奢侈品品牌都以各自的方式凸显自己的人文价值,但是从各个奢侈品品牌的整体表现而言,可以归纳出一些共性——多数奢侈品品牌从人文角度提出一些吸引消费者的口号,进而体现其品牌的人本主义精神。中国著名营销策划专家和品牌管理专家叶茂中曾指出:"品牌的诉求是'让人感动',即给人一种精神感动。比如,'体贴入微'的口号常见于化妆品和内衣产品,提出在关爱他人的同时,消费奢侈品的目的是善待自己,帮助自己消除工作压力和生活疲惫。'无论是成功,还是失意,都不要错失奖励或慰藉自己的机会。'"[①] "创新生活"的口号常见于电子产品和机械产品。这类产品通常以创造新的生活方式为姿态,依靠无可比拟的出色设计以及不断创新的高新科技,营造出深受消费者狂热追捧的用户体验。"崇尚个性"的口号瞄准时代需求,帮助消费者塑造他们独树一帜的个人风格,实现他们被社会认同和羡慕的心理追求。"尊贵经典"的口号坚持奢侈品一贯的品位与格调,通过奢侈品在风格上表现出的持久韧性,营造至高无上的尊贵感与时尚感,使之成为奢侈品行业的标准和典范。

例如,奢侈品品牌往往与经典电影一起成为永恒。在电影已经成为工业的好莱坞,奥黛莉·赫本在《蒂芙尼早餐》中穿着的纪梵希小黑裙、凯瑟琳·德纳芙在《白日美人》中穿着的 Roger Vivier,都让这些奢侈品品

---

① 叶茂中. 广告人手记 [M]. 北京:朝华出版社,1996:39.

牌伴随这些不朽的经典电影，成为了永恒。

此外，奢侈品品牌的文化价值还体现在历史和传统上。历史和传统使得奢侈品与一个地方或一段时间连在一起，让消费者产生一种联想与情感，透过这种令人愉悦的美感体验产生感知性的价值。"奢侈品品牌即为一个善于利用历史与传统文化积累的产业，并以此提供消费者在美感经验上的联想与满足。"①历史和传统是奢侈品品牌能够向世人炫耀的最核心的价值所在。产品可以模仿，历史却无法复制，奢侈品的历史一直是人们津津乐道的话题。原创人、原产地、原材料、原工艺构成了奢侈品的四个原生态要素。这些原生态要素经过百年锤炼，夹杂着风云变幻和沧桑变迁，发生着不同程度的变化和换位，或张扬过市，或低调行事，或执着拼搏，或灵巧游走，或精致细腻，或豪气万丈，或委婉优雅，奢侈品编织了无数令人神往和跌宕起伏的美丽故事。"作为一切品牌图腾的奢侈品品牌都有一本详细的家谱，详细记载着品牌的传承与变迁，不可复制的家族自豪感让奢侈品品牌远远把高档品牌甩开。"②

（三）溢价的收藏价值

奢侈品是一种具有独特、稀缺、珍奇等特点的消费品，往往是利用一定量的短缺资源限量生产的顶级产品。它不仅具有使用价值，还具有收藏价值。也正是使人憧憬的稀缺资源以及包含在奢侈品中的人文价值，营造了奢侈品弥足珍贵的收藏价值。

某一种奢侈品在问世之初多以使用价值面貌出现，随着自然损耗或意外损耗，该批奢侈品变得越来越稀少，从而引起收藏家的关注。"收藏家关心的是收藏品的保值与增值，收藏品本身的稀缺性可以达到这一目

---

① ［德］沃夫冈·拉茨勒. 奢侈带来富足[M]. 刘风, 译. 北京：中信出版社, 2003:135.
② ［美］戴维·阿克. 创建强势品牌[M]. 吕一林, 译. 北京：中国劳动社会保障出版社, 2004:216.

的。"① 原先的奢侈品摇身一变，成为古董出现在拍卖会上时，只要品相保存完好且藏品足够稀缺，其拍卖价格往往超过原先的商品价格。

例如深度访谈中 B 先生的叙述：

B 先生，25 岁，"富二代"：
"我的爱好就是收藏和品鉴名表，在我看来，收藏名表不仅表明拥有一种高品质的生活，而且手表有一定的溢价能力。我买过的手表还没有跌价的，大部分随着时间的增加而变得越来越有价值。这可能也是我喜欢收藏名表的原因之一吧。"

从上述对于 B 先生的访谈中不难发现，诸多奢侈品消费者关注奢侈品品牌的溢价能力，把奢侈品品牌当作具有收藏价值的商品。

例如，根据中国雅虎汽车网 2007 年 8 月 9 日报道，1904 年生产的一款手工打造的劳斯莱斯顶级古董汽车，车况依旧完好并且可以正常行驶，全球仅有三辆，具备极高的珍藏价值。

（四）时尚的引领价值

奢侈品拥有独特的行业领袖地位，依照自己的设计理念独树一帜，它可以引领时尚，而不是时尚引领它。奢侈品的这种对时尚的引领性，与其说是它能够敏锐地捕捉社会潮流，还不如说是时尚对它的顶礼膜拜。奢侈品由一开始便具备的自我导向和自我取悦的特性，转而成为具有炫耀其独特性的社会导向动机，经过时尚品的刻意模仿，确立起行业内的引领价值。法国箱包商人路易威登在 19 世纪中期敏锐地发现了人们对旅游的热衷，但是，当时的旅行箱源于牢固但笨重的马具，缺少便捷而又轻巧的用于旅途的箱子，于是，他及时在其产品中推出了一个旅行箱系列，从此，一个关于旅行的概念被诠释成时尚。意大利著名设计师阿玛尼（Giorgio Armani）于 20 世纪 70 年代

---

① [法]A. J. 格雷马斯. 论意义[M]. 吴泓缈，冯学俊，译. 天津：百花文艺出版社，2005：98.

起提倡模糊男女界限的设计理念,其采用的洋溢着复古气息和奢华气质的简约主义设计深深打动了崛起的中产阶级精英,以简单的轮廓和宽松的线条完全取代了当时盛行的嬉皮士风格,使得这一设计理念迅速推广开来并沿袭至今。

例如,法国著名的电影《香奈儿》中这样描述香奈儿品牌:

香奈儿被称为"法国时装之母",其不仅是个优雅的品牌,更是一种自信、独立、现代新女性的标志。嘉伯丽·香奈儿,同事们惯称她为"女士",好友们则昵称她为"可可"(Coco)。毕加索称她是"欧洲最有灵气的女人"。肖伯纳给她的头衔是"世界流行的掌门人"。她集美貌与智慧于一身,从小自信坚强,充满热情与活力。在公众眼里,香奈儿是一位专注于工作、意志坚强的女人。她白手起家,凭借她非凡的创造力和永不妥协的精神成为首屈一指的设计大师。香奈儿彻底改变了妇女的着装观念,她倡导的"简单"概念,颠覆了当时的流行。香奈儿一生都没有结婚,她创造伟大的时尚帝国,同时追求自己想要的生活,其本身就是女性自主的最佳典范,是懂得情感生活的新时代女性。香奈儿集团在1983年由Karl Lagerfeld出任时尚总监,至今每一季新品仍以香奈儿精神为设计理念。

从以上香奈儿案例不难看出,奢侈品品牌不仅能够创造时尚,而且能长时间引领时尚。

奢侈品品牌风格强烈的重要原因来自于风格的不变,设计元素的一贯化和稳定化是奢侈品品牌突出和保持产品风格的重要因素。香奈儿服装中的粗呢面料和山茶花图案、迪奥的真丝面料和樱桃图案、博柏利的羊毛面料和格子图案,这些一成不变的"刻板印象"为各自的产品打上了鲜明的品牌烙印,无论时代的变迁,还是设计师的更替,那些过于流行化的时尚元素都不能影响它们。当它们意欲自我改变的时候,"经过精心策划而推出的一些旨在改变'刻板印象'的时尚元素旋即又成为某些低端品牌趋之若鹜的对象。"[①]

---

① 刘晓刚,朱泽慧,刘唯佳. 奢侈品学 [M]. 上海:东华大学出版社,2009:263-266.

(五)成功的象征价值

在如今财富迅速增加、奢侈品盛行的年代,社会新贵们热衷于通过享受奢侈品的行为来提升自身的社会地位。虽然现代社会的高速发展已经在许多领域改变了人们的观念,但是,一直以来,社会的变迁并没有改变奢侈品是象征高人一等的贵族阶层的形象物品这一观念,奢侈品依然可以满足人们的地位、身份、权力的象征要求。"奢侈品本身并不会说话,但是,它拥有的逼人贵气和不凡品位,可以帮助透露主人的身份、地位、职业、爱好和性格等个人信息。"[1]用自己的嘴巴直接标榜自己的明示,远不如用奢侈品的暗喻来得更为高贵、优雅。由此,奢侈品的价值还体现在它的"社交功能"上。

人们之所以热衷于奢侈品消费的重要原因,一方面是通过奢侈性消费显示自己的经济实力和社会地位。在商品社会里,财富的多少是衡量人生成败的关键指标之一。另一方面是要通过炫耀式消费来创造和维系个人生存与事业发展的关系网络。

例如,007系列电影中的奢侈品品牌就能很好地突出成功的象征价值。剧中主人公邦德的奢华成功生活通过什么表现呢?当然就是无数的奢侈品品牌了,从第一部007电影开始,一直以来电影中都充斥着大牌的Logo,从1995年开始,邦德就一直戴Omega手表,穿的西服则是来自意大利的Brioni,在《量子危机》中,男主角丹尼尔克·雷格换上了Tom Ford的西服。

在社会生活中,奢侈品的炫耀性消费是人们表现财力并借此获得或维持好名声的主要途径和手段之一。对于消费者来说,"奢侈品的附加价值表现为消费该商品所能获得的诸如地位、身份、意境等炫耀性的享受,这种附加值足以促使有这种需要的消费者倾囊争购"[2]。

---

[1] 杨魁. 消费主义文化的符号化特征与大众传播[J]. 兰州:兰州大学学报,2003(1):63-67.
[2] 王宁. 消费社会学:一个分析的视角[M]. 北京:社会科学文献出版社,2001:108.

(六）自我的满足价值

现代社会的消费实际上已经超越实际需求的满足，"变成了享受物品意义的消费"[①]。因为奢侈品自身的特性更好地满足了人们的精神和文化需求。奢侈品品牌的价值不仅仅在于由材料和工艺构成的产品本身，更重要的是它所代表的品牌理念、精神诉求和人文内涵。这使得奢侈品品牌能够最大限度地实现消费者的自我满足价值。

人们热衷于追逐奢侈品品牌，即使付出再多的金钱与时间，对奢侈品和奢侈品品牌的忠诚与热情都不曾减弱一分，就在于奢侈品和奢侈品品牌极大地满足了消费者的各种需求，带给消费者美妙的体验以及愉悦的心情。因为此时的奢侈品早已超越了作为商品的意义，而是成为了一种精神上的指引和抚慰。奢侈品品牌所蕴含的品质、服务以及各种附加价值，能引领消费者从繁重的生活中暂时跳出，进行一场精神上的游历，感受帝王般的尊贵、新贵的优雅以及小资的惬意。

第二节　奢侈品品牌的消费动机

世界奢侈品协会2011年发布的调查报告显示，中国2010年内地奢侈品市场消费总额占全球的四分之一。美国战略咨询机构贝恩公司调查显示，2013年我国奢侈品消费总量为全球的29%，成为全球第一大奢侈品消费国。我国自改革开放至今，短短几十年的时间，就形成今日风头如此强劲的奢侈品消费风暴。我们难免会问，为何诸多奢侈品品牌纷纷抢占中国市场？不言而喻，自然是我国消费者开始对奢侈品品牌显现出的强大消

---

① ［法］鲍德里亚. 消费社会[M]. 刘成富，全志钢，译. 南京：南京大学出版社，2001:194.

费意愿吸引了他们的目光。

那么面对诸多不同层次的品牌，人们为何单单对奢侈品品牌有着强烈的消费意愿呢？本节从经济学的效用理论、马斯洛的需求层次理论以及消费动机三个角度对此进行分析。

一、效用价值影响消费动机

效用是指对于消费者通过消费或者享受闲暇等使自己的需求、欲望等得到满足的一个度量。美国诺贝尔经济学奖获得者萨缪尔森[1]认为效用是人们从消费物品中所得到的主观上的享受、用处或满足。人们之所以要消费商品和服务，是因为从消费中他们的一些需要或爱好能得到满足。例如消费食品能充饥，消费衣服能御寒，看电影能得到精神享受等。

效用价值论，是以物品满足人的欲望的能力或人对物品效用的主观心理评价解释价值及其形成过程的经济理论。"效用价值论认为商品的价值是用户的效用程度评价，用户认为能满足自己的效用，就有价值，否则就没有价值。"[2]一个商品对于某个顾客的效用，取决于该顾客谋求获得该项满足的紧迫性、偏好或喜爱程度、替代物等各种因素的影响。即便是对于同一商品，不同的顾客可能存在不同的效用评估，从而该商品具有不同的效用或价值。高的"效用"，就给予高的评价，商品就具有高的价值，反之，商品就是低价值，甚至没有价值。

从本文的访谈对象来看，也明显感觉到效用价值影响消费动机，如以下访谈对象：

董先生，58岁，北京某知名公司董事长：

"我现在使用奢侈品品牌同样很注重产品本身的功能，有时候我甚至

---

[1] 保罗·萨缪尔森，美国当代著名经济学家，在经典代表作《经济学》中提出幸福方程式：幸福＝效用／欲望。

[2] ［美］肯特·沃泰姆. 形象经济[M]. 刘舜尧，译. 北京：中国纺织出版社，2004：147.

会拿奢侈品品牌的功能与普通品牌的功能对比。如果普通品牌具有某种功能，而奢侈品品牌不具备，那么我不会去消费这个奢侈品品牌。"

从上述访谈对象的话语中看出，一部分奢侈品消费者同样关注商品的具体功能，即所谓的"效用"，如果"效用"本身不能满足奢侈品品牌消费者的需求，那么有可能消费者也没有了对奢侈品品牌的消费动机。

例如，一款新上市的 LV 女包对一个生活拮据的人来说或许还没有几顿大餐的效用高。但是另一个处于类似境遇但却十分热衷攀比的人或许会不顾一切去购买。因为在后者的心里，LV 女包对她而言不仅仅是一款新包，更是"有品位、高贵"的品牌诉求带来的虚荣心理的满足。在这里，我们可以得出，人的欲望是以效用来满足的。人的种种欲望便是对他人或他物主观上的要求，也就是人的需求。

二、高层次需求影响消费动机

根据美国社会心理学家亚伯拉罕·马斯洛的"需求层次理论"[①]，个体成长发展的内在力量是动机，而动机是由多种不同性质的需求所组成。因而人类总是有某些需求有待于满足。即使满足了一种需求，随即又会产生另一种新的需求。马斯洛则将这些需求分为五个不同层次：生理需求、安全需求、社交需求、尊重需求、自我实现需求。较低一层需求的满足，同时就意味着较高一层需求的产生。

同样，这种需求特性也会随着消费者在其购买产品的过程中体现出来。随着社会经济、科学文化水平的不断创新和发展，消费者的低层次需求已经或者基本上得到了不同程度的满足，他们现在开始寻求较高层次的需求，并且具有一定的经济消费能力，而对奢侈品品牌的接受恰好满足了

[①] 马斯洛需求层次理论，又称"基本需求层次理论"，是员工激励理论的代表之一。马斯洛认为在自我实现需求之后，还有自我超越需求（self-transcendence needs），但通常不作为马斯洛需求层次理论中必要的层次，大多数会将自我超越合并至自我实现需求当中。

这种需求实现的可能性。

在深度访谈的案例中，无论是地产商张先生，还是全职主妇严女士以及上市公司高级经理人潘小姐，他们消费奢侈品品牌的主要动机就是满足高层次的消费需求。在这些典型访谈对象的脑海中，奢侈品品牌已远远超出了它作为商品本身所蕴含的价值。奢侈品品牌往往证明着使用者是优雅的权贵，有着时尚品位与独特个性的上流阶层。同是用来计时的手表，当消费者戴上了一款瑞士劳力士（Rolex）时，消费者就可能会在社交中因这款名表获得尊重，彰显出自我形象。奢侈品品牌实现了消费者的某些特殊需求而使其得到了额外的效用，为此消费者愿意消费并付出高额的货币，这样也就实现了品牌的价值。

三、奢侈品品牌消费动机

学者李杰指出："消费者在内心积极地创造品牌空间的观点已经被学者们广泛接受。"[①] 关于奢侈品消费动机的研究，最受专业研究学者肯定的莫过于雷斯特·约翰逊的消费动机研究。雷斯特·约翰逊在研究西方消费者奢侈品消费动机时，提出了自己的"消费动机模型"[②]（见图3-1）。

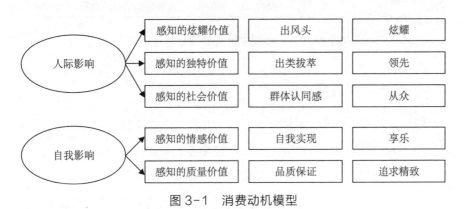

图3-1 消费动机模型

---

① 李杰. 奢侈品牌管理：方法与实践 [M]. 北京：北京大学出版社，2010:245.
② Vigneron Franck, Lester W Johnson. A review and Conceptual Framework of Prestige-Seeking Comsume. Behavior[J]. Academy of Marketing Science Review, 1999(3):237-261.

有学者从跨文化比较的角度,以文化背景影响形成的不同的自我概念:独立的自我概念和他人依存的自我概念,来区分东西方消费者不同的奢侈品消费动机,提出了"中国奢侈品消费者消费动机模型[①]"(见图3-2)。

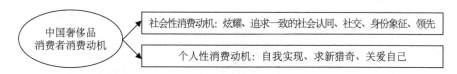

图3-2 中国奢侈品消费者消费动机模型

学者朱晓辉[②]在比较分析东西方消费者由于文化背景的不同而形成的自我概念的不同的基础上,通过对消费者定性访谈和探索性的定量研究,提出了一个整合的反映中国传统儒家文化影响下的中国奢侈品消费利益的修正模型(见图3-3)。将消费动机分为社会性消费动机和个人性消费动机。社会性消费动机再依据不同的消费用途分为单纯炫耀、从众、领先、社交。个人性消费动机分为品质精致、自我享乐、表现内在自我、自我赠礼四个方面。

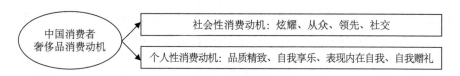

图3-3 中国奢侈品消费利益修正模型

(一)社会性消费动机

人有一个基本的渴望便是希望自己与其他人在各个方面获得一致,包括态度、行为、观点、自我形象、对他人的看法。个体作为社会的子细胞,无时无刻不在与社会上的其他个体发生联系。这种联系在社会学上称之为"社

---

① 综合自 Nancy Wong, Aaron C Ahuvia(1988),以及 Shu-PeTSai(2005)
② 朱晓辉. 中国消费者奢侈品消费动机的实证研究[J]. 商业经济与管理,2006(7).

会互动"①。消费心理学认为,人总是处于一定社会阶层之中,因而有一定身份认同与区分的社会心理需要,而消费在这两种心理的实现中发挥着重要的作用。

奢侈品品牌社会性消费动机也在深度访谈案例中得以体现:

张先生,40岁,武汉某商业地产开发商:
"我购买奢侈品品牌主要是为了炫耀吧,我前面也说了,宾利外观看上去就这么阔气,这应该是我身份的象征。"

我们不难发现,张先生消费奢侈品品牌的动机主要是社会性消费动机:炫耀和身份象征。

人们通过运用自己的消费能力来满足自我个性需要,展示自我的个性,并基于这种消费能力的差异以及由此而延伸的品位差异,实现和同等社会阶层的地位与身份认同,同时凸显不同阶层的地位与身份识别。奢侈品在很大程度上是作为"符号"——一种奢侈的生活方式的标志而存在。"奢侈品品牌一般都能营造出足够的社会认同氛围,使人们相信这个符号代表了奢侈的价值。"②所以炫耀性消费不但彰显着消费者的自我需要和个性选择,也表达了消费者在巨大消费能力背后较高的阶层地位与身份,在实现和所属社会阶层认同的同时,又与低层的社会阶层相区分。

(二)个人性消费动机

第一,自我表现的需要。我们需要向他人表达自身的存在。我们想让别人通过我们的行为(包括购物和展示所拥有所消费的物品的行为)了

---

① 社会互动也称社会相互作用或社会交往,它是人们对他人采取社会行动和对方作出反应性社会行动的过程——即我们不断地意识到我们的行动对别人的效果,反过来,别人的期望影响着我们自己的大多数行为。它是发生于个人之间、群体之间、个人与群体之间的相互的社会行动的过程。社会互动是人类存在的重要方式。
② 杨清山. 创建奢侈品品牌的 N 个密码 [J]. 中国品牌, 2012(8): 48-49.

解我们是什么样的人。诸如服装、汽车之类的消费品能在一定程度上彰显消费者的身份。当他身着阿玛尼的服装时，便向他人传递了高贵的气质和品位。

奢侈品品牌自我表现消费动机也在深度访谈案例中得以体现：

王先生，28岁，家境优越，自由职业者：

"前面我也说过，我没有正式工作过，其实像我这样的年轻人，大家一定都在外打拼，这我也知道。但我就是没有进入工作状态，每天忙于朋友聚会，大家在一起很High，可能是我个人自由享乐习惯了吧。"

不难看出，王先生的个人消费动机是自我享乐，满足内在自我，实现自我表现的需要。

第二，求新和猎奇的需要。学者程秀波曾提到："人们经常出于对新奇的需要而寻求变化。"[①] 有一句谚语说"变化是生活的调味品"。对很多奢侈品消费者而言，融探险和猎奇为一体的活动值得他们花上一大笔钱。旅行、探险、新奇的保健方式等都吸引了越来越多不甘平淡的人。

奢侈品品牌求新、猎奇消费动机在深度访谈案例中得以呈现：

周先生，21岁，北京某高校学生，在山西有家族产业继承：

"我刚才说的个人的专属情结，是不是求新与猎奇的需要呢，当然有一定的原因。我生活中喜欢变化，尤其讨厌一成不变的东西。因此，我对购买的商品（指奢侈品）也会出于好奇的心理尝试着对它们进行改变。"

如上不难看出，求新和猎奇的需要是周先生消费奢侈品品牌的主要个人消费动机。

---

① 程秀波. 关于消费伦理的几个问题 [J]. 山西师范大学学报, 2003(5): 32-25.

探索和猎奇的感受和体验还能为消费者提供一个想象空间和难忘的回忆。阿努谢赫·安萨里是世界首位女太空游客，她于2006年9月18日乘坐俄制载人飞船进入太空，飞往距离地球约354公里的国际空间站，开始为期10天的太空之旅。她为此付出了2000万美元的"旅行费用"，相当于每秒29美元旅费。她的举措着实吸引了全球人的目光和兴趣，安萨里在进入飞船后兴高采烈地说，"来这儿我真的太高兴了"，当天正好是她39岁的生日。这次太空之旅虽然费用高得让普通人咋舌，但新奇的体验却让阿努谢赫·安萨里认为物有所值并终生难忘。

第三，关爱自己的需要。随着经济的迅速发展，工作、生活节奏越来越快，大多数职场人员，特别是有家庭的职场女性感觉职场过分劳累。她们迫切希望能拥有属于自己的片刻喘息时间，在劳累了一天后犒劳自己，缓解巨大的压力和紧张的情绪。因此，如果购买和享用高档奢侈品能让她们感到愉悦的话，她们会毫不吝惜。例如，有些女性会购买一瓶自己喜欢的顶级香水，让自己沉浸在悠远的芬芳中感受轻松和愉悦。个人保健、洗浴及护肤用品、减肥、温泉疗养、家用美食、内衣和床上用品及家用电器都是重要的关爱自己类产品。

奢侈品品牌关爱自己的消费需要在以下深度访谈案例中得以体现：

严女士，40岁，美籍华人，现居住北京，家境富裕的全职主妇：

"我比较追求品质精致的生活，现在我主要在家做全职太太，每周会有固定时间出门购物（指奢侈品品牌），有时先生会从国外带些我这个年龄需要的化妆品以及个人用品。其实，我个人觉得奢侈品品牌能给我带来精致生活。"

如上严女士的案例说明其消费奢侈品更多的是关爱自己需要的满足。

第三节 奢侈品品牌的中国消费格局

进入21世纪以后,中国成为奢侈品消费增长速度最快的国家。路威酩轩集团主席伯纳德·阿诺特(Bernard Arnault)[①]预计,中国、俄罗斯和印度将成为奢侈品消费增长最快的市场,在未来十年会有全球30%的奢侈品涌入这三个国家。那么我国现在奢侈品品牌消费呈现出什么样的状况?这些奢侈品消费者主要是来自社会哪一部分的群体?这些答案将是本章主要探讨的问题。

一、中国奢侈品消费现状

根据奢侈品消费份额计算,中国在踏入21世纪的头几年里,已经名列全球第三大奢侈品消费国,奢侈品消费增速居全球之首,2013年一跃成为奢侈品消费第一大国。世界奢侈品协会(World Luxury Association,简称WLA)认为,当一个国家的人均GDP达到1000美元的时候,社会消费结构将发生全面升级,将由温饱型向享受型转变,奢侈品消费开始逐渐启动;当人均GDP达到2000美元时,奢侈品消费开始快速增长;当人均GDP达到3000美元时,标志着进入小康生活,奢侈品消费就会全面上升。中国在2003年人均GDP突破了1000美元,2006年突破了2000美元关口达到了2042美元,从2007年起,中国经济开始进入向人均GDP3000美元冲刺的关键时期。实际上,早在2003年,中国已经有7个城市人均GDP超过了

---

① 路威酩轩集团,又名酩悦·轩尼诗—路易·威登集团,法国酒业与高价奢侈品制造集团,伯纳德·阿诺特是其缔造者。

3000美元,依次是深圳、广州、上海、杭州、宁波、南京、北京,其中深圳超过6000美元,广州超过5000美元,上海超过4000美元。在2008年奥运会期间,北京人均GDP超过8000美元。在市场经济大潮中,奢侈品文化不可逆转地在中国以飞快的速度发展着。目前,"中国的富人阶层在人数和财富上都在飞速增长,成为了奢侈品消费的潜在客户群"。[①]

研究表明奢侈品消费与代表国家富裕程度的GDP呈正比例关系,一个国家的奢侈品消费增长率大概是其GDP增长率的两倍,这就是著名的"奢侈品GDP双倍增长规律"[②]。中国在21世纪的头七年里,GDP平均增长率为10.81%,如此推算,中国奢侈品市场的消费增长率保持在21.62%左右,远大于全球奢侈品市场平均8%~10%的增长率(见图3-4)。

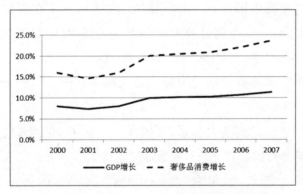

图3-4 2000-2007年中国奢侈品消费增幅

就单个品牌来说,宝马集团品牌总监奥斯兰博士在2008年初接受《环球时报》采访时透露:"2007年,宝马汽车在中国共售出51588辆,年增长42%。"这是宝马汽车在中国销量首次超过日本。宾利汽车2002年进入中国,2008年宾利在中国的保有量超过500辆,占中国超豪华汽车市场30%的市场份额。路易威登(LV)品牌自1992年登陆中国市场以来,平

---

① 王振. 中国成为奢侈品消费大国[N]. 南华早报,2013-05-31(35).
② 所谓的"奢侈品GDP双倍增长规律",就是随着一个国家经济的发展,其奢侈品的消费水平在逐步提高,但是奢侈品的增长速度总是要高于GDP的增长速度,其比例趋近于2:1。

均每年增开一家分店,每年的营业额均以50%的速度增长。

中国经济的快速增长带动了中国奢侈品消费的快速增长。中国消费者的强劲购买力为奢侈品消费的快速增长奠定了经济基础。

(一)中国奢侈品品牌购买力强劲

奢侈品消费是国家富裕的象征。奢侈品消费的增长速度预示着奢侈品的市场大小。中国经济的发展速度之快让世界惊讶。英国《金融时报》在2008年3月以"时尚品牌的亚洲年"为题报道,全球著名奢侈品公司把2008年标定为亚洲扩张年,很大程度上以中国为主。全球奢侈品品牌已有90%进入了中国市场。

迅速富起来的中国人正在以各种各样的方式,实现着自己心目中的奢侈梦想。据分析:"中国目前大约有1.75亿消费者有能力购买各种品牌的奢侈品,占总人口的13.5%,其中有1000万~1300万人是活跃的奢侈品购买者。该群体选购的产品主要包括高档轿车、手表、皮包、化妆品、时装、洋酒和珠宝等。"[①] 著名豪华汽车宾利从2002年进入中国市场,仅用一年多的时间就销售了85辆汽车,其中19辆单价超过100万美元,令人不可思议。在2003年上海汽车博览会上,一辆在欧美也少有人问津的旗舰版"雅致728宾利"被一个中国客人以1188万元人民币买走。2006年宾利向中国订户交车达127辆,美国人为之目瞪口呆。2007年宾利在中国通过8家经销商一共卖出338辆豪华车,是全世界卖得最多的国家。"宾利公司来到中国后有一番感慨总结:宾利在中国创造了三项世界第一纪录,年总销量世界第一;销量增幅世界第一;豪华车728型销量世界第一。"[②]

据搜狐网《中国消费者仍是海外奢侈品最大买家》一文指出,财富品质研究院发布的《中国免税报告》显示,从消费力来看,目前中国消费者

---

① 李杰. 奢侈品品牌管理:方法与实践 [M]. 北京:北京大学出版社,2010:622.
② 杨青山. 中国奢侈品本土战略 [M]. 北京:对外经济贸易大学出版社,2009:30.

境外人均消费额为1508欧元，位居全球第一，是很多欧美国家公民境外购物人均消费额的3~5倍。2013年，中国人买走了全球47%的奢侈品，约计1020亿美元。①

据英国《每日邮报》网站2014年11月22日发表题为《游客带动英国圣诞节购物，花钱最多的是中国人》的文章称，分析人士预测，中国和中东国家将引领这个圣诞购物季，中国游客仍将是在英国花钱最多的群体。英国旅游局2014年前10个月的数据显示，中国和中东国家仍是最大的消费群体，中国占了消费总额的25%，比前一年增长了5%，其次是科威特（8%）、沙特阿拉伯（7%）和卡塔尔（6%）。零售商们正把中国和中东消费者作为服务重点。免税品已日益成为其圣诞节战略中必不可少的部分。②

瑞士斯沃琪集团是全球最大的钟表制造商，共出售了两亿多只豪华手表，但是唯一一只开价600万元人民币的宝珀（Blancpain）手表是在北京开展会时被中国人买走的。

以上这些事例表明，中国人的奢侈品购买力十分强劲。中国虽然还远不是奢侈品的生产大国，但却已成为奢侈品的消费大国了。

（二）中国奢侈品市场潜力巨大

中国是奢侈品消费大国，同时，伴随着经济的持续增长，未来中国奢侈品消费的潜力也将是巨大的。据新华网报道，征收消费税、奢侈品售价高于国外市场，并没有让我国奢侈品市场萎缩，相反，其销售额一直在以每年超过20%的速度高速增长。

2013年，中国奢侈品境外消费的增长速度超过了国内。如图3-5所示，财富品质研究院《2013年中国免税报告》显示，2012年中国消费者奢侈品消费地突破了2011年的"1+1+1"法则，奢侈品购物决策地的重

---

① 引自搜狐网报道：http://business.sohu.com/20141103/n405735200.shtml，2014年11月03日浏览。

② 引自中国日报网报道：http://caijing.chinadaily.com.cn/2014-11/25/content_18971963.htm，2014年11月25日浏览。

心偏向境外地区，除港澳地区（26%）外，欧洲是中国境外旅游消费的重心，达23%。

与此同时，中国奢侈品消费的巨大潜力基础之一是奢侈品消费所依托人群的规模在中国不断增长。据美国波士顿咨询公司（BCG）发布《借势增长 破浪前行：2014年全球财富报告》显示，2013年全球私人财富的增长或已超出原本预期，这一点在发达市场尤为明显。报告显示，全球私人金融财富在2013年增长了14.6%，总额达到152万亿美元。这一增幅高于2012年8.7%的增长水平。从区域划分上看，亚太地区（不包括日本）的私人财富增长最为强劲，增幅高达30.5%。亚太地区（不包括日本）有望在2014年取代西欧成为全球第二富裕的地区，并在2018年取代北美成为全球最富裕的地区。如图3-5所示，报告指出，2013年全球百万美元资产家庭总数达到1630万户，其中美国是拥有百万美元资产家庭最多的国家，数量高达710万，中国的百万美元资产家庭总数从2012年的150万增至2013年的240万，体现出中国私人财富的强劲增长势头。①

从以上报告不难理解，中国消费者私人财富的强劲增长以及中国百万美元资产家庭总数的不断增多是构成中国奢侈品市场潜力的重要基础。

这些巨额财富的积累就是一股强大的可转化为现实的奢侈品消费潜力。据贝恩中国《2013年中国奢侈品报告》显示，中国奢侈品市场按国籍划分占全球29%，按市场划分占7%，并且呈不断增长趋势。② 如图3-5所示。从全球来看，中国消费者仍然是奢侈品的最大消费群体。

据财富品质研究院《2013年中国免税报告》显示，中国消费者在境外的奢侈品消费主要集中在皮具、腕表与珠宝。但是由于资产状况的不同，普通消费者更倾向于购买香水化妆品、皮具与服饰等初级奢侈品；珠宝、腕表等顶级奢侈品则最受富豪消费者青睐。

---

① 中文互联网数据咨询中心报道：http://www.199it.com/archives/238452.html，2014年7月5日浏览。
② 贝恩中国.2013中国奢侈品报告.

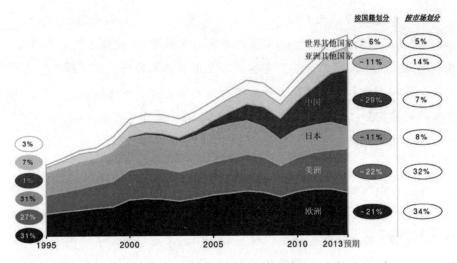

图 3-5　2013 年全球奢侈品市场按消费者国籍划分图 [①]

"许多中国顾客往往以旅游者的身份在国外购买奢侈品并带入国内。"[②] 这种奢侈品境外消费是中国奢侈品购买形态的一个特殊现象。

综上所述，中国成为奢侈品消费大国主要表现在：奢侈品消费增速世界第一、奢侈品购买力惊人、奢侈品顾客群体巨大、奢侈品市场潜力巨大。

诚然，中国奢侈品消费大国的地位毋庸置疑，然而中国的奢侈品市场也存在以下两大问题：

第一，中国是奢侈品消费大国，却不是生产大国。从以上诸多资料不难发现，无论是从奢侈品消费者基数来看，还是从奢侈品消费额来统计，中国是理所当然的奢侈品消费大国。但是，中国消费者喜爱消费的奢侈品绝大多数属于国外产品，而很少消费国内生产的奢侈品。这一点从对调查对象的深度访谈中也可以看出：

---

① 贝恩中国. 2013 中国奢侈品报告.
② 随着我国经济的发展，新的富贵阶层正在逐步形成，他们对境外旅游消费有着很大的兴趣。2008—2015 年，中国有 7500 万城市家庭加入中产阶级的行列，中国的人均消费从 2008 年的 1.34 万元上升到 2015 年的 1.7 万元人民币。城市人口消费总额达到 13.3 万亿元人民币。这一切都表明，中国的奢侈品市场潜力巨大。

严女士，40岁，美籍华人，现居住北京，家境富裕的全职主妇：

"我购买的商品（指奢侈品）多数原产地是国外的，我自己也是中国人，我并不是歧视本土商品，其实有些生活日用品本土的倒还好，但是对你所说的奢侈品来讲，我更信赖国外的商品，尤其是我在公众场合，参加一些聚会的时候，会经常和一些朋友讨论我的衣服、首饰等的原产地、加工厂。我的那些朋友也较认可国外生产的奢侈品。"

第二，中国有自己的奢侈产品，却没有自己的奢侈品品牌。

中国消费者不但较多选择国外生产的奢侈品，而且也比较认可国外的奢侈品品牌。随着中国经济的迅速发展，中国本土也出现了一些所谓的奢侈产品，但无论是从其现实销售额，还是从品牌影响力来看，中国目前缺乏自主的奢侈品品牌。从世界奢侈品排行榜来看，[①] 奢侈品世界100强无论是时尚大牌、私人飞机、家具、豪华游艇等奢侈品大牌，还是超级跑车、世界名表、皇室珠宝、化妆品、世界美酒等家庭或个人生活奢侈品品牌，鲜见中国品牌的身影。排行榜显示，绝大多数奢侈品品牌被欧美等发达国家所垄断，而新兴经济体如中国、印度及巴西等多数发展中国家则很少拥有自主的奢侈品品牌。

只有在生产和消费两个方面均居世界前列时，我们才能成为真正的奢侈品品牌大国。中国在建设自主奢侈品品牌方面必须做出努力。

二、中国奢侈品主要消费群体

德国学者维尔纳曾指出："财富与奢侈品是紧密相连的。"[②] 中国群体

---

① 世界奢侈品排行榜，简称"The Luxury Bese of Best"，是全球奢侈品行业的排名，是由全球最大的奢侈品研究与管理组织——世界奢侈品协会（World Luxury Association，简称 WLA）公开发布的全球奢侈品品牌榜单，是全球最具权威的奢侈品行业的排行榜发布和管理的官方组织。

② ［德］维尔纳·桑巴特. 奢侈与资本主义[M]. 王燕平，侯小河，译. 上海：上海人民出版社，2000:191.

的财富增长激活了中国的奢侈品市场。研究发现，中国的奢侈品顾客主要由三类社会群体构成："大资产阶层组成的千万富翁、小资产阶层组成的生产经营者（中产实业阶层）、中产阶层组成的职业白领。"[①] 不难看出，这些群体都具有一定的社会地位和经济收入，在物质生活日渐富裕的情况下，选购奢侈品品牌只是顺其自然的事情。

但是，在实际调查中我们发现，一些即使没有任何经济收入的人群也正在成为奢侈品品牌的消费者，比如说学生等。为了使研究更为有效和严谨，对于我国奢侈品品牌的消费群体类型的分类将依据消费者的消费动机为标准。直接从消费者的消费动机入手来分析消费群体类型，以期符合现实情况，涵括更多真实数据。

依据雷斯特·约翰逊的消费动机理论与中国奢侈品品牌市场现状来看，中国奢侈品品牌的主要消费群体类型可分为社交从众型群体、时尚精致型群体、自我关爱型群体、求新猎奇型群体、安逸享乐型群体这五个主要的类型（见表3-2）。

表3-2 与消费动机理论相对应的中国奢侈品品牌消费群体类型

消费动机理论	中国奢侈品品牌的主要消费群体类型
社交	社交从众型
出类拔萃	时尚精致型
自我赠礼	自我关爱型
求新猎奇	求新猎奇型
随欲	安逸享乐型

（一）社交从众型群体

社交从众型群体消费奢侈品的主要目的是希望借助高端的奢侈品品牌取得更高的社会地位与身份认同，以期融入更为广大的社交圈子，从中获得某种利益。这类群体消费奢侈品，并不是出于主观上的自觉，大都是为了迎合

---

① 袁进，丁云亮，王有富．身份建构与物质生活[M]．上海：上海书店出版社，2008:207.

社会活动的需要。通俗来讲，这类群体的消费就是所谓的"面子消费"，消费奢侈品就是为了"撑面"。

其具体的消费行为往往表现出：选购的奢侈品大都是社交圈高知名度产品、品牌标识清晰可见、颜色惹人注目；并不关注品牌内涵，亦不了解品牌文化，单纯消费商品；没有主观意向，有着明显的效仿心理，只要是别人觉得好，那便是好；是一种为了获取经济利益或人际拓展而进行的投资。因而，这类群体大都活跃在具有一定经济基础，同时仍在谋求进一步发展的新兴的中产阶层中。

王先生，40岁，北京某公司总经理。目前状态：月收入十万元，事业发展呈不稳定趋势，对人脉发展有强烈要求。他坦言对于奢侈品来说，花钱就等同赚钱，是要给自己身份增加砝码，获得合作伙伴的信任，以便融入强大的生意圈，助事业一臂之力。选购的奢侈品大都为社会流行款，偶有其他款式。

（二）时尚精致型群体

时尚精致型群体，大都处于人生的高峰期，或是掌控着企业的实权，生活井然有序。因而既有经济能力，也有时间与精力，所以奢侈品于这类群体而言，象征着优雅精致的生活、光鲜尊贵的社会地位。

比较明显的特征为：大都具有一定的时尚敏感度，了解当下的流行趋势和时尚态度。因而在消费时更为在意商品是否与自身气质相合。注重奢侈品品牌的设计与文化内涵，享受个性化的品牌服务。消费的奢侈品大都具有收藏价值。因为这类群体的消费者深谙时尚之道，理解并能欣赏品牌的文化。因而每当品牌出售顶级设计师的心血之作，或是私家收藏款，他们大都会不惜血本入手。因为在这类群体看来，只有这些奢侈品中的精品才能体现出他们应有的高贵身份和独特的品位。

赵女士，37岁，《时尚前沿》杂志社掌门人，月收入20万元，爱好打高尔夫球，日常活动主要为出席时尚发布会、社交晚宴。选购奢侈品时，品牌的内涵与服务是其主要的参考标准。选购的奢侈品，除了必备基础经典款之外，大都为特别纪念款，或是私家收藏款、限量款单品。

严女士，40岁，美籍华人，现居住北京，家境富裕的全职主妇：

"我个人的生活方式应该是精致型的吧，我买化妆品选择的是唯美形象的大牌，比如Gucci Première系列风格即是唯美格调，当然也能衬托出高贵气质。"

（三）自我关爱型群体

自我关爱型群体消费奢侈品的主要目的就是犒劳自己，想通过购买平时不敢消费的奢侈品来奖励或是回报自己在过去一段时间内的辛劳，而获取心理平衡或是保持心情愉悦。这类群体由于经济基础比较薄弱，所以在消费时大都比较理性，以物有所值为标准，选择自身喜欢，且又是生活中必不可少的奢侈品品牌单品。与其他类型相比，奢侈品品牌的消费频率最低。通常在一次消费后可能会导致阶段性"破产"。

王小姐，28岁，北京华彩商场一楼鞋业导购人员，月收入3000元。爱好为打羽毛球、看韩剧、逛街。她会在特殊的纪念日里，用积攒下来的钱选购奢侈品来奖励自己继续努力。购买的奢侈品多为奢侈品品牌的必备基础经典款。

TNS的调查发现，"在中国，地位象征和自我奖励是两个最强烈的消费动机，尤其是自我奖励。"[1] 因此，自我关爱也是奢侈品消费的动机之一。

---

[1] 李杰. 奢侈品品牌管理：方法与实践[M]. 北京：北京大学出版社，2010:625.

（四）求新猎奇型群体

当物质财富和精神体验极度膨胀，普通的消费模式已经不再能够刺激感觉的时候，求新猎奇型的消费模式便应运而生。例如，国内首次竞拍的经济学家茅于轼下午茶，最终以25.9万元的价格竞拍成功。茅于轼也是我国国内首个拍卖喝茶机会的经济学家。再例如，近些年新兴的"太空旅游"。

周先生，21岁，北京某高校学生，在山西有家族产业继承：

"我前面已经说到，我喜欢独有的东西，一般独有的商品往往是稀奇的、新型的。我经常关注更新的商品（指奢侈品），比如上周阿玛尼刚推出今年新款男士皮风衣，在巴黎T型台走秀过的，我前天刚在国贸阿玛尼店定购了一套，下周应该就到货了。"

虽然求新猎奇型群体在比例上只是一小部分，之所以在此将其列为一种消费者群体类型，是因为这可能是未来奢侈品品牌消费的趋势和发展前景。虽然某些奢侈品品牌高不可攀，但是随着人们物质财富的不断积累，人们在消费时，求新猎奇型的心理所占的比重将会越来越大。这类消费群体也将在未来的奢侈品品牌市场中成为消费主力军。

（五）安逸享乐型群体

安逸享乐型群体，是近些年随着人们物质财富的不断积累而新兴起的一个新群体。这类群体有一个明显的标志就是在没有任何经济收入的情况下消费各种奢侈品品牌。他们大都属于年轻一代，追求无忧无虑、随心所欲的生活，高举"享乐最可贵"的旗帜，信奉开心就好的人生态度。

这类群体大都是由年轻人组成，或是在校学生，或是初入社会的新鲜人，或是年轻的 soho 一族。商品设计与时尚性是这类群体消费时的首要参考标准，对价格因素和品牌的文化关注不多。属于痛快消费，迅速买单的类型。这是因为对他们来说,消费奢侈品除了满足个人自身的感觉之外,没有任何其他目的。此外还因为,这类群体大都没有任何经济方面的压力,虽然没有收入或是不稳定,但是由于有富裕的家庭做其坚实的后盾。所以当他们感觉对了,入手即可,洒脱至极。

王先生,28岁,家境优越,自由职业者:
"我生活中有时喜欢独处,即使交流也是比较封闭的好友圈子,好友在一起也都是谈论痛快消费,极 High 开心事的话题。"
宋小姐,21岁,在校大学生,暂无收入,由家人支持。爱好为逛街、健身、赛车等。喜欢什么就刷卡购买,父母买单。自我评价为购物狂。

但是,我们需要注意的是,在实际消费时,消费者的购买动机并不是单一的,而是几种动机糅合在一起,共同诱发消费行为的出现。以上消费群体的类型只是依据消费者的最主要的动机而划分为不同的消费群体。

三、消费主义思潮下的奢侈品品牌消费承载符号

英国著名学者迈克·费瑟斯通指出:"消费主义作为一种新型的现代消费模式和观念,具有与传统的生存式消费方式和观念完全不同的特征。"[1] 消费主义的兴起和发展对社会生活的各个方面都产生了深远的影响。消费主义思潮对大众消费者品牌接受心理的影响和改变主要表现在以下三个方面:一是炫耀性消费的兴起,二是奢侈品消费的发展,三是品牌建设的浪潮。

随着社会的进步和商品经济的飞速发展,人们的财富积累达到了一定高度,对商品消费的数量和品位在不断提高;人们的财富增长并不平均,个别人群通过各种方式积累了大量财富,社会上出现了不同的社会阶层。

---

[1] [英]迈克·费瑟斯通. 消费文化与后现代主义[M]. 刘精明,译. 南京:译林出版社,2000:92.

伴随着"消费主义"的兴起和发展,"炫耀性消费"逐渐渗入到人类社会生活中。"消费主义和炫耀性消费的兴起和发展是资本主义扩大再生产和现代资本增值的内在需要和必然结果,也是现代化发展过程中社会大众追求平等心理的一种外在表现。"①

(一)炫耀性消费的信号作用

社会学研究表明,每个人都生活在一定的社区之中,并且要不断地与周围其他人进行社会交往。在交往过程中每个人按照他所处社会地位的高低分属于不同的层次(收入水平、工作性质或社会职务等都会影响个人所处的层次),因为高层次的人常常受人尊敬,故在交往中能够获得更大的满足感。然而,多数情况下个人所处层次是不可观察的,低层次的人常常设法通过各种方式来掩饰自己所属的真实层次,高层次者也设法使自己与低层次者区分开。用博弈论的语言来说这是一个"信号博弈"问题。

较早期的经济学家认为:"炫耀性消费或者说地位性支出,能够起到这样一种信号作用,用以区分不同人群。"② 其中的逻辑是:不只是绝对财富水平影响人们的福利和效用,相对于别人更高的财富水平更能够使居民获得心理满足感。但是,财富水平是不能观测到的,属于私人信息,而人们可以观测到别人的消费水平。消费往往和财富正相关,是财富水平的代理变量。因此,人们炫耀自己的消费,目的是使别人相信自己是具有较高财富水平的社会高层,从而使自己获得较高的心理满足感。人们不但关心自己的收入和消费水平,而且还要和别人特别是同等地位的人比较,从比较中获得正或负的效用。这种解释意味着,越是消费没用的或华而不实的东西,越能证明其富足程度。

人们进行炫耀性消费,意在努力将自己归入收入更高的社会上层。这种解释有一个可能的推论,即越贫穷或地位越低的人越可能发出更多信号。

---

① [法]让·鲍德里亚. 消费社会[M]. 刘成富,全志钢,译. 南京:南京大学出版社,2008:79.

② [美]凡勃伦. 有闲阶级论[M]. 蔡受百译. 北京:商务印书馆,1964:277.

当然，真正的富人为了区别于其他人，显示自己高高在上的地位，也会发出信号。比如，艺术品收藏是一个特别重要的地位性支出，豪华别墅、游艇也是有效的信号。这些都导致世界各国在经济发展到一定程度之后，房价、奢侈品价格急速上涨。

（二）金钱竞赛和歧视性对比是炫耀性消费的两个动机

凡勃伦是消费社会学的开山祖师，也是炫耀性消费的最早提出者。18世纪末第一次消费革命的到来为大规模生产奠定了基础，也为英国工业资本主义创造了基石，从而促使了有闲阶级的诞生。凡勃伦在1899年出版的《有闲阶级论》[1]中，分析了有闲阶级的消费生活方式，并首次提出了"炫耀性消费"（conspicuous consumption）的概念。在文章中凡勃伦将"炫耀性消费"与"炫耀性休闲"（conspicuous leisure）进行对比。他认为，两者同样具有浪费这个因素，但不同的是前者所浪费的是财物，后者所浪费的是时间和精力。

凡勃伦将炫耀性消费的这种动机归结为金钱竞赛，即财富水平较高的阶层通过炫耀性消费来力争区别于财富水平较低的阶层。他认为"不论在什么地方，只要建立了私有财产制，哪怕是在低级的发展形态下，在经济体系中就有了人与人之间对商品占有进行竞争的特性"[2]。这种竞赛动机是"炫耀性休闲"和"炫耀性消费"的最有说服力的解释。

凡勃伦将炫耀性消费的另一个动机归结为歧视性对比。即财富水平较低的阶层力图通过炫耀性消费来效仿财富水平较高的阶层，以期被认为是其中一员。"任何现代社会中的大部分人之所以要在消费上超过物质享受所需要的程度，其原因与其说是有意在外表的消费上争雄斗富，不如说是出于一种愿望——想在所消费的数量与等级方面达到习惯的礼仪标准。"消费标准实际上成了人们所隶属的那个阶层的对应物，如果某人的消费水

---

[1] [美]凡勃伦. 有闲阶级论[M]. 蔡受百，译. 北京：商务印书馆，1964：149.
[2] [美]凡勃伦. 有闲阶级论[M]. 蔡受百，译. 北京：商务印书馆，1964：132.

准达不到那个阶层公认的合乎礼仪的标准,他就会受到轻视或排斥。不仅如此,在现实生活中,每一个阶层所羡慕并争取达到的总是比它高一层次的阶层的炫耀性消费标准,"是一种歧视性对比下的刺激力,促使我们努力赶到我们惯于把自己列入其同级的那些人的前面去。""至于比它低的或远在它之上的那些阶级,一般都是置之度外,不作较量的。"

凡勃伦不仅解释了炫耀性消费的两个动机金钱竞赛和歧视性对比,而且提出了著名的"向下渗透模式",用以说明炫耀性消费在社会生活中的传播方式。他认为:"在现代文明社会中,社会各阶级之间的分界线已经变得越来越模糊,越来越不确定,在这样的情况下,上层阶级所树立的荣誉准则的影响作用不断延伸,通过社会结构一直贯穿到最低阶层。"炫耀性消费有一个单向且向下渗透的模式(the trickle-down model)(见图3-6)。

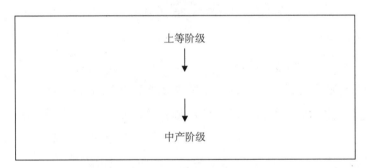

图3-6 向下渗透模式

(三)品牌经济发展的符号引导

虽然在不同的文化背景下,奢侈品消费的社会功能和消费动机大不相同,但是每一种社会功能和消费动机的完成都依赖于奢侈品的品牌建设,其目的是使奢侈品与大众商品区别开来,并把这种区别广泛地宣传开去,为人所知。在消费主义思潮的影响下,奢侈品的品牌建设一浪高过一浪,"酒香不怕巷子深"的经营理念已远远落后于时代的要求,没有品牌建设和品牌宣传就没有奢侈品的象征功能和信号作用。

首先,"消费主义"不同于传统的消费模式和消费观念,它已经超越了满足人们生存所需这一消费的基本功能,转为重视物质消费并通过实现对物质的占有来使人们得到心理上的满足;它是生活方式的异化或物化,它主张消费至上,把物欲的满足、感官的享受作为人生追求的主要目标和最高价值。"消费主义"的大规模消费需求是出于资本的增值、现代社会经济不断扩大再生产的惯性发展、经济全球化的发展等多方面的需要,被人为地制造出来并不断地加以推动的。在这个过程中,所有的人不分等级、地位、阶层、种族、国家、贫富都被卷入其中,使人们永无止境地追求不断提高的消费。正是这种消费主义思潮极大地激发了人们对优质商品的追求,而品牌,作为优质商品的符号象征,也越来越受到商家的重视。

其次,"消费主义"更注重于对商品象征意义的消费。现代消费不仅仅是为了充饥防寒,在更大意义上成为界定人们社会地位的方式。它重视的是商品所象征的人的关系或差别性,而非商品的实物。在这里被消费的商品和物质的象征意义与它们的使用价值已经脱节,甚至没有必然的联系。消费者只是将所消费的商品看作自我表达的主要形式和身份认同的主要依据,以及较高生活质量的标志和幸福生活的象征。因此,在奢侈品的品牌建设过程中,不仅要突出商品的优质性,还要凸显品牌的象征意义。

最后,消费主义的另一个表现是炫耀性心理的极度膨胀。凡勃伦指出,炫耀性休闲和炫耀性消费是区分上层社会和平民的重要标志。更高级、更优质、更昂贵的奢侈品成为炫耀性消费外化的载体。因此,奢侈品的品牌建设和品牌宣传不只是针对买得起奢侈品的富裕阶层,也要针对买不起奢侈品的平民阶层,即是面对社会大众的广泛的品牌传播。没有平民阶层对富裕阶层的模仿和欣羡,没有社会大众对奢侈品品牌的认可、向往和追捧,富裕起来的人们就无从炫耀,也就是说,奢侈品不但要区分出富裕阶层和平民阶层,而且这种区分要为人所知才有意义。所以,奢侈品的品牌策略应当尽可能覆盖广大的受众。这似乎与现实生活不符,在现实生活中,与大众商品的主动宣传、平民阶层的被动接受不同,奢侈品的品牌策划和宣传往往针对少数富裕阶层，而平民阶层是主动接受，甚至主动搜寻奢侈品的品牌信息。这正是奢侈品传播的有趣之处，然而在炫耀性心理的影响下，这并不妨碍奢侈品的品牌宣传可以达到针对少数、覆盖多数的传播效果。

品牌建设是一个长期的在实际运作中不断地添砖加瓦的积累过程，通过长时间的"润物细无声"，将品牌核心价值植入消费者心中，从而在消费者心目中形成良好的品牌美誉度。有了品牌知名度和认知度的积累，再有一个好的品牌美誉度，将会产生强的品牌忠诚度，从而为企业的长期发展和产品的市场占领奠定坚实的基础。

第四节　品牌消费接受的分析工具

品牌消费接受，或称品牌识别，意指消费者对品牌的感知，也就是说，品牌对消费者而言意味着什么。但有些情况下，品牌所表达的与消费者所理解的常常产生差距。一个品牌可以代表着多种多样的价值观，引申出无限的演绎。正是在这种潜在的价值观中，品牌过去与未来声誉的真正源头才被揭示出来。

在形形色色的品牌中，奢侈品品牌总是比大众品牌更"高贵"，因为它们能唤醒消费者最深层次的需求，并能很容易地将消费者动员起来。本节主要研究奢侈品品牌识别和品牌消费接受心理，着重探讨消费者如何在对奢侈品品牌的多重感知中寻求其本质以及品牌形象的多样性如何影响消费者的消费接受心理。

一个品牌可以包含产品实用功效之外的含义，而这一点往往成为奢侈品的核心品牌价值。识别正是品牌的实质所在，它通过品牌的所有传播方式表现出来，它在本质上是放射性的，或者说发散性的。穷尽所有品牌消

费接受或品牌识别的现有分析工具是不可能的,本节将着重于以下三个分析工具:

一、品牌识别棱镜

1992年,让·诺艾·卡普费雷(Jean-Noël Kapferer)介绍了第一个解决品牌消费识别难题的相当复杂的分析工具——品牌识别棱镜。图(3-7)解释了让·诺艾·卡普费雷的品牌识别棱镜,6个维度被放置在棱镜周围,下面我们具体分析棱镜的不同部分[①]。

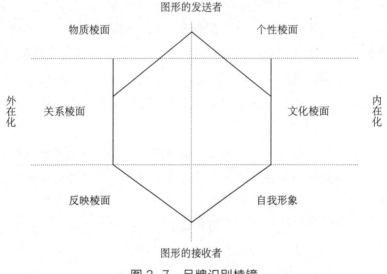

图 3-7 品牌识别棱镜

(1)品牌的物质棱面与产品的具体元素——当提到某一品牌时人们脑海中立刻出现的画面——相符合。它是一套感官和客观的特征。如李维斯使人们联想到带有特殊标记的蓝色牛仔裤,巴利代表高档鞋靴,法拉利标志着红色跑车,等等。

---

① [法]米歇尔·舍瓦利耶,热拉尔德·马扎罗夫,卢晓.奢侈品品牌管理[M].上海:格致出版社,上海人民出版社,2008:134-135.

（2）品牌的个性棱面是品牌身份的一个关键棱面，它力图回答这样一个问题：如果把品牌比作人，它会表现出什么特征。把品牌拟人化具有明显的优势，对消费者尤其是非专家型的普通消费者来说，品牌变得更加容易理解与沟通，消费者能够轻易地感知品牌，因为它们也有了人的属性。品牌的人格化正是品牌消费识别棱镜反映的实质，这也是利用明星做代言的真正目的，使明星成为品牌价值理念的持久化身。

（3）品牌的文化棱面同品牌创造者的原创价值理念相连，这一文化通常是品牌诞生和发展的国家、地区或城市的文化：马德里的罗意威、日本的资生堂等。但地理维度并不是唯一的表达方式。

（4）品牌的关系棱面与品牌的社会传播维度有关。具有识别力量的品牌影响着个体之间的关系，这种影响首先通过归属于某一团体作为标志，然后又超越这一团体。每一个品牌都力图与消费者保持健康持久的关系。品牌的关系棱面可以回答这样的问题：产品的销售人员如何描述产品与消费者的关系；产品的售后服务如何增加消费者满意度；在市场交流中消费者如何感知品牌。

（5）品牌的反映棱面描述的是该品牌在市场中的典型消费者和潜在消费者如何感知品牌和描述品牌，也就是目标消费者对品牌的看法、观点和态度等。比如，在印度，人们普遍意识到百事可乐的消费者属于年轻有活力的一代，而可口可乐的消费者则是富于冒险精神的一族。

（6）品牌的自我形象棱面与消费者使用产品时自我所表现的形象相联系。当一个人点燃一支万宝路香烟、驾驶一辆保时捷，或者穿上一件阿玛尼时装，他不仅是在消费，也是在表现自己。消费者有不同的类型和特征，不同类型和特征的消费者消费不同的产品，从消费者的消费行为中可以反映出他们的类型或特征。品牌的自我形象棱面就是消费者的镜面反映。

下面举一个例子，说明品牌识别棱镜在两个著名的运动时装品牌——阿迪达斯和耐克的比较分析中的运用。图3-8和图3-9表现了品牌识别棱镜运用于这两个著名的运动时装品牌的情况。

阿迪达斯和耐克是两个闻名全球的运动时装品牌。两个品牌的产品形

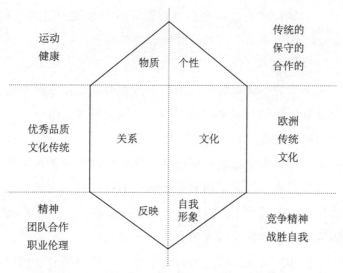

图 3-8　应用于 Adidas——品牌识别棱镜

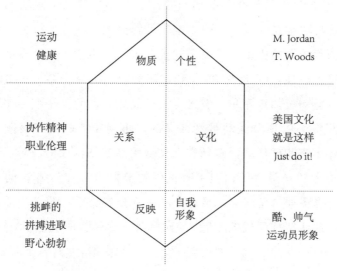

图 3-9　应用于 Nike——品牌识别棱镜

象都给人以"运动、健康"的印象,并且拥有相同或相似的目标消费群。但是,正如品牌识别棱镜中所展示的那样,除物质棱面外,其他的 5 个维度都各有差异,也就是说这两个品牌背后或产品背后的精神元素或象征元素不尽相同，差异化战略使两个品牌都拥有各自忠实的追随者和消费者。也正因为如此，这两个高端体育品牌的营销策略有相同之处，也有微妙的不同。

　　首先，两个品牌都采取赞助策略，但赞助的侧重点有所不同。阿迪达斯主要赞助世界级的体育赛事，以大型赛事树立权威。阿迪达斯的创始人阿迪·达斯勒和他的继任者们都有一个信念：注重产品品质、技术和创新才能取得成功，而像奥运会这种国际性的比赛场地无疑是检验产品质量的最好平台。尽管阿迪达斯旗下拥有一批著名的运动员作为代言人，但公司营销的重心却更偏向于大型的全球体育比赛、体育组织和团队，如奥运会、欧洲足球锦标赛和世界杯足球赛等。除了世界大赛外，阿迪达斯还赞助世界各地的国家队和地区队。赞助的队伍有德国、西班牙和法国等国家足球队；AC米兰队和皇家马德里队等足球俱乐部；纽约扬基棒球队和旧金山49人橄榄球队。球队是众多球迷们关注的中心和精神追求所在，这就为球队赞助商与顾客建立联系向他们推广品牌提供了独特的机会。

　　耐克的营销策略则偏重赞助运动员个人，寄希望于运动员的成功和赛场内外的楷模表现。20世纪80年代，耐克投入大量资金，请成功、富有魅力的知名运动员如迈克尔·乔丹等为产品代言。耐克采取金字塔形推广战略，即从塔尖的顶级运动员到国家队，再到NBA联赛省级队，直至包装到普通青少年篮球活动，囊括整个体育用品市场构成的四等级要素。顶级的运动员人数是最少的，但具有很强的辐射力。1984年，耐克以每年100万美元的酬金与篮球运动员迈克尔·乔丹签订了一份5年的合同，这个价目是阿迪达斯或匡威的5倍。当时外界一致认为耐克疯了。结果证明，这是个"完胜"的交易。乔丹对耐克的影响是巨大的，乔丹身上凝聚了活力、声望、高超的竞技水平和令人振奋的体育精神，使耐克几乎一夜之间成为高档篮球鞋的主导产品。随着"Just Do It"这个天才口号的广泛传播，耐克于1990年凭借在篮球市场的优势，一举超越阿迪达斯成为世界最大的体育产品供应商。

　　其次，阿迪达斯和耐克都采取疯狂的广告营销策略，并且这两个品牌的广告投入和覆盖面大致相同。但是，其广告传递的产品信息和品牌形象有所差别。阿迪达斯的广告宣传立足于树立一个传统、保守、富于合作精神和体育精神的运动员形象，并且强调最好的竞争就是战胜自己。耐克给人的印象是开放、张扬、争强好斗的运动员形象，"Just Do It"，就是这种豪放不羁、洒脱帅气的典型表现，在美国人眼中简直酷毙了，难怪它于一夜之间抓住了众多美国青少年的心。拼搏进取和竞争精神也在耐克品牌中被多次强调，"不能战胜银牌，就拿不到金牌"，这是耐克对竞争和胜利的理解和诠释。这就是为什么阿迪达斯和耐克定位于相同的目标消费群，却能拥有各自忠实的追随者。

阿迪达斯和耐克的品牌形象的差异源于其品牌发源地的文化价值观的深刻影响。阿迪达斯发源于欧洲大陆的德国，其品牌形象与传统、保守、绅士、严谨、注重品质的欧洲文化传统具有一致性。耐克独具特色的成功史则在美国上演，其品牌形象受自由开放、张扬豪放、争强好胜、拼搏进取的美国文化的影响。

通过阿迪达斯和耐克的品牌形象和营销策略的比较分析，可以看出品牌识别棱镜是一个有用的工具。

二、符号学矩阵

罗兰·巴特的符号学理论认为，符号是由能指和所指组成，即一种物质性的中介物（能指）和其心理再现（所指），能指和所指结合成为一体的过程为意指，其产物就是符号。人们与外界的交流是通过一系列的符号实现的，我们在生活中接触的一切事物都以载体的形式向我们传达着符号信息。

符号学在品牌研究中的一个成功运用是符号学矩阵。符号学矩阵是对品牌定位深度分析的符号工具。其中意义最为深远的研究当属消费价值观的符号学矩阵（见图3-10），它最早的应用是菲拉格慕（Salvatore Ferragamo）的品牌定位。1922年，Ferragamo正朝着创立全球品牌

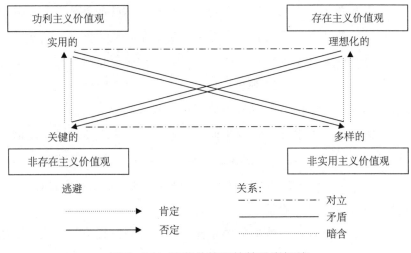

图 3-10　消费价值观的符号学矩阵

的目标快速发展,吉恩－玛丽·费洛赫和弗兰克斯·斯克韦伯受命于 Ferragamo 负责创意工作和品牌管理,他们第一次利用符号学矩阵对 Ferragamo 进行了重新定位[①]。

功利主义和存在主义是两个最主要的用矩阵陈述出来的类型学原则。这两个概念从叙述方面区别生活价值(存在主义的或理想化的)和实用价值(功利主义的)。把符号矩阵用于品牌分析时要注意品牌可以代表既微小又普遍的意义。当由两个对立面(例如:实用的或理想化的)组成的语义轴被应用于消费机制,如果位置适当,符号矩阵可以用来发展它的所有细节。

下面我们列举两个瑞士品牌在品牌识别、传播和再定位中使用符号学矩阵的例子。

19 世纪中期瑞士品牌巴利(Bally)因鞋靴而举世闻名,到 1999 年底,这个品牌的定位已经非常陈旧,创始人正在寻求深刻转型和重新定位,于是选择了矩阵左上角的类型定位功利主义价值观,把 Bally 作为鞋靴、装饰和衣服领域的奢侈品品牌进行推广,突出 Bally 品牌的实用性,体

---

① [法]米歇尔·舍瓦利耶,热拉尔德·马扎罗夫,卢晓. 奢侈品品牌管理[M]. 上海:格致出版社,上海人民出版社,2008:142-143.

现了瑞士现代性意味的功利主义价值观。Bally 创意团队提出了"瑞士生活方式奢侈品品牌",所有的瑞士价值观如创造性、安全、稳固和尊重自然都被用来激发创意和进行传播活动,由此 Bally 大获成功。

同一时期,瑞士航空公司(Swissair)即将破产。克劳斯航空公司(Crossair)接管了前者的国际航线业务。Crossair 的管理团队出色地完成了品牌定位转变,快速塑造了一个新的品牌形象。在一本名为"文明飞行"的宣传册中,他们写道:

我们的使命:

通过承诺坚定不移地追求品质、创新、关心消费者和设计,创造世界上令人尊敬的公司;

通过改善男士和女士的生活方式,成为世界上令人钦佩的公司;

做瑞士人;

具有瑞士风格;

瑞士人的价值观:

服务、效率、可靠、安全、清洁、高雅、现代、豪华、一致、沉稳、注重细节、关注消费者。

两个瑞士品牌在重新定位时都着重表达瑞士人功利主义的价值观,都力图突出产品或服务的实用主义功效,强调产品的品质性能或强调服务的安全高效。这些因素促使我们注意到"民族精神"对于品牌接受、品牌识别、品牌定位的影响。品牌定位应当力求清晰才不会影响品牌识别和品牌接受,这并不是说品牌定位不能跨越矩阵中的中间地带,但产品定位一定要看准目标消费群体的文化价值观。大多数产品,尤其是具有某种象征意义,用以显示身份地位的奢侈品,常常具有多重功效和多重价值取向,这就需要更有力的分析工具——符号映射。

三、符号映射

安德里亚·塞姆瑞尼(Andrea Semprini)采用吉恩-玛丽·费洛

赫[1]提出的消费价值观的符号矩阵模式,并把它转化成一种更容易使用和读懂的工具。主语义坐标轴转化为二维图形的纵坐标轴(见图3-11)。所有价值的细微差别,从最实用的到最理想化的,都可以体现在这个标尺上。横坐标轴("关键/多样")与纵坐标轴("理想/实用")相交,组成一个符号映射[2]。

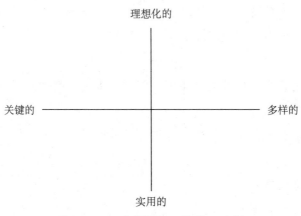

图3-11　消费价值观的符号映射

这个矩阵的优点是创造了一种空间上的连续性,每一个位置都和其他的位置有关系。像实用的/理想化的矩阵这样的映射呈现的是消费价值观,而不是态度和行为。那些个人的行为(激情、狂热、冷漠、拒绝等)与每位消费者为实现所追求的消费价值所采用的战略相适应。

塞姆瑞尼详细分析了这两条轴线划分而成的四个象限(见图3-12)。西北方位的象限称为"使命":关键的和理想化的价值观的汇合直接导致了超越现在、规划未来、寻求变革的决心。它融合了责任感和持续追求不同领域的精神。20世纪80年代后期,贝纳通(Benetton)就是运用这种定位特点,利用广告宣传为媒介提出了一个建立在新型社会关系上的理想世界,得到了不同种族年轻人的接受和认可。

---

[1] 吉恩-玛丽·费洛赫,符号学家,曾使用符号矩阵来研究奢侈品品牌的性格。
[2] [法]米歇尔·舍瓦利耶,热拉尔德·马扎罗夫,卢晓. 奢侈品品牌管理[M]. 上海:格致出版社,上海人民出版社,2008:149-150.

第三章
奢侈品品牌消费的审视

东北方位的象限称为"计划"。它包括了第一个象限的任一维度，但集中承诺被寻求个人情感所取代。在渴望找到解决现存问题的方法时，更倾向于着手进行个人计划、寻求突破和转变，如斯沃琪（Swatch）、温加罗（Ungaro）等品牌就定位于这一象限。

东南方位的象限称为"愉悦"。多样的和实用的价值融合适合奥时裳（Oasis）或者吉列（Gillett）这样的品牌，它们被描述为积极的、可靠的、比较注重实效的。这些品牌注重产品的内在属性：平静、好感、幸福、永久。如卡尔文·克雷恩永恒（Calvin Klein Eternity）香水就是如此。这个象限的一部分包括那些能给我们带来惊奇、幽默和挑衅的品牌，如莫斯奇诺（Moschino）。

西南方位的象限称为"信息"。实用和关键相交叉的区域体现了价值观与所提供产品的质量密切相关。必要的、有用的、绝对需要的、合理的、有益的是重要的价值观。它包括了许多大型零售品牌如连锁超级市场沃尔玛（Wal-mart）和凯马特（Kmart）。

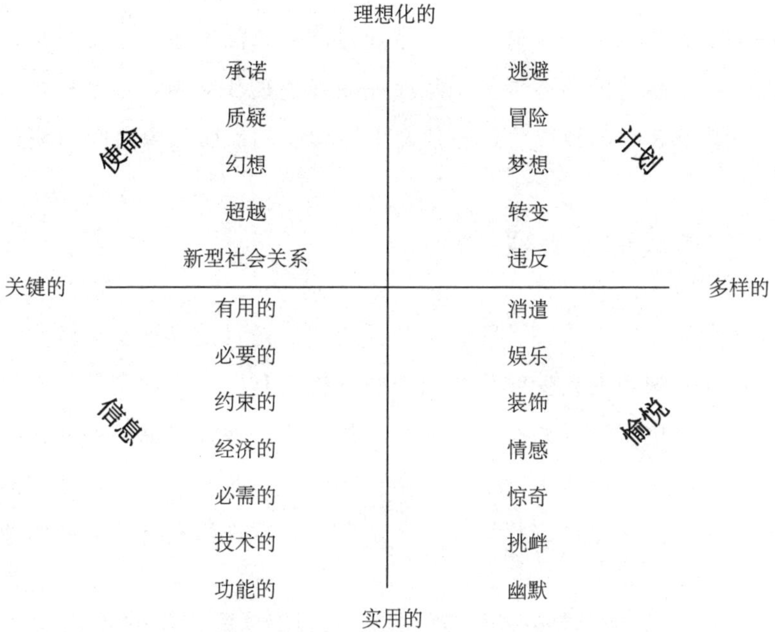

图 3-12 消费价值观的符号映射（四个象限的特征）

塞姆瑞尼还使用这一映射分析品牌的时间、空间、情感、关系等因素，这一工具使用起来更加灵活，它使得消费价值观可以无限联合、聚集、分化，因此可以找出复杂品牌形象管理系统的最重要的部分。下图是对几个奢侈品品牌进行定位分析（见图3-13）[①]。

图3-13 消费价值观的符号映射（品牌定位案例）

符号学矩阵和符号映射有助于企业对产品和品牌进行定位分析，通过品牌识别把握品牌的核心价值，从而在品牌建设和品牌传播过程中，避免和减少品牌所表达的核心价值与消费者所理解的品牌形象之间的差距。

四、品牌消费接受小结

前文所述品牌消费接受的三个分析工具，是目前品牌学界较为流行的三种消费者品牌消费接受或品牌识别的分析工具。品牌识别棱镜着眼于消费者品牌消费接受过程外在化与内在化的统一，即通过品牌的立体识别来分析消费者的品牌消费接受；符号学矩阵分析工具立足于消费者的品牌消费价值观，对品牌定位进行深度分析，以此来发现消费者的品牌消费接受

---

① [法] 米歇尔·舍瓦利耶，热拉尔德·马扎罗夫，卢晓. 奢侈品品牌管理 [M]. 上海：格致出版社，上海人民出版社，2008：150-151.

倾向；而符号映射分析则是符号学在品牌消费接受研究领域的直观分析工具，其方法更容易读懂消费者的品牌消费接受心理，更具现实操作性。

如上三种消费者品牌消费接受的分析工具，对研究中国消费者奢侈品接受有一定的借鉴意义，但品牌识别棱镜工具重点在品牌自身，缺乏对消费者品牌消费接受心理的洞悉；符号学矩阵及符号映射分析工具虽关注消费者的品牌消费心理，但符号学方法缺少对消费者更深层次消费接受的研究。可以说，目前关于消费者奢侈品品牌消费接受的分析工具及其接受模型还没有形成，因此，研究聚焦消费者奢侈品品牌消费接受的实态分析及其模型构建具有现实意义。

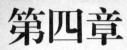

第四章
奢侈品品牌接受实态分析

在消费主义的思潮下，消费已经超越了满足人们生存所需这一简单的基本功能。消费对于现代人来说，意味着对物质的占有、感官的享受、情感的寄托和心理的满足，并且在一定意义上，消费成了消费者表达其意愿、炫耀其地位、展示其身份的重要方式。奢侈品品牌作为炫耀性消费的载体，发展异常迅猛。特别是近年来中国经济整体呈现繁荣趋势，中国市场已经成为全球奢侈品品牌的必争之地。因此，研究中国消费者对于奢侈品品牌接受实态，不仅对了解奢侈品品牌的购买价值和感知价值具有重要参考意义，同时也可以为中国奢侈品品牌的塑造提供基于接受模式的路径参照。

前文探讨了奢侈品品牌与消费接受之间的逻辑关系，也详细分析了消费者品牌消费接受的分析工具，但针对中国消费者品牌的接受分析尤其是奢侈品品牌的实态分析还未形成。因此，为了探寻中国现实中奢侈品品牌接受模型，探讨消费者在对奢侈品品牌的多重感知中如何寻求其本质，追踪消费主义对于奢侈品品牌接受的影响，并从现实数据中寻找依据，本书结合中国奢侈品品牌接受的现实，设计了调查问卷和访谈提纲，把消费主义作为研究的一个大背景，把奢侈品市场作为研究重点，通过对消费者接受实态的调查来分析构建奢侈品品牌传播的接受模型。

为了更好地把握中国奢侈品品牌接受群体的现状，本书实际调查中采用深度访谈及问卷调查两种方法。通过作为主要研究方法的深度访谈所获得的资料，为问卷调查提供了一些必要的调查支撑；问卷调查法是辅助性、描述性研究，而不是纯实证、纯量化的研究，虽然问卷调查法存在不足，但其调查数据资料仍有正面效度，也能在一定程度上显示中国奢侈品消费群体的接受行为。

具体的问卷调查接受假设及方法设计如下：

第一，问卷调查中关于奢侈品品牌接受的假设。

根据理论资料分析和对奢侈品消费者的深度访谈，问卷调查拟对以下6条假设进行分析，兹说明如下：

1. 奢侈品消费者本身对奢侈品品牌认知较少，并不清楚奢侈品品牌的真实内涵。

奢侈品消费者对奢侈品品牌的历史、功能、价值的了解程度在一定程度上反映出其消费的动机。同时，可调查分析消费者对不同类型奢侈品品牌内涵的了解程度。设计问题如下：

Q1. 您对奢侈品品牌的了解？

Q2. 您对不同奢侈品类型的了解和关注程度，请按照关注度高低进行排序。

Q3. 您购买奢侈品的原因？您认为奢侈品在哪方面最能展示您的品位？

2. 奢侈品消费者性别、年龄分布等并不影响其对奢侈品品牌的认知与了解。

本研究一方面分析被调查对象的性别，了解奢侈品消费者的性别；调查其对男性和女性奢侈品消费者的认识是否存在差异。另一方面拟分析奢侈品消费者的年龄分布，探讨奢侈品消费者是否存在明显的消费年龄段。设计问题如下：

Q4. 您的性别？

Q5. 您认为男性和女性奢侈品消费者对奢侈品品牌了解程度一样吗？

Q6. 您的年龄？

Q7. 您第一次购买奢侈品的时间？

3. 奢侈品消费者的收入水平与其对奢侈品品牌的了解程度呈正相关。

奢侈品消费者的收入水平如何？收入水平是否影响其对奢侈品品牌的了解？同时，奢侈品消费者是否愿意购买大众商品？设计问题如下：

Q8. 您的年收入大约是？您家庭的年收入大约是？

Q9. 在经济条件允许下，您会消费奢侈品多于大众商品吗？

4. 奢侈品品牌与大众品牌在接受心理、购买因素、获取信息方式等各方面存在明显差异。

奢侈品品牌与大众品牌的接受心理有无差异？消费者购买奢侈品的原因是否不同？获取奢侈品品牌的信息方式是否存在差异？设计问题如下：

Q10. 在经济条件允许下，您选择消费奢侈品的原因是？

Q11. 您对奢侈品品牌的了解渠道有哪些？

5. 奢侈品消费者的消费动机展现出人际的影响和个人自我的影响。

奢侈品消费者是否将奢侈品品牌与某些具体因素（如外形美观、尖端科技、高贵典雅、历史悠久等）联系起来,其消费动机如何？设计问题如下：

Q12. 请您对如下奢侈品品牌的品牌感知进行评价。

Q13. 您通常通过哪些因素判断一个商品是否高档？

6. 消费者选择奢侈品品牌背后存在深刻的价值认同。

奢侈品消费者购买奢侈品的背后驱动力如何？消费者选择奢侈品品牌时如何认同价值表现？设计问题如下：

Q14. 您比较关注奢侈品品牌哪方面的价值？

Q15. 您拥有某种奢侈品，是因为它意味着？

第二，问卷调查的具体方法设计。

1. 奢侈品消费者调查问卷的对照与前测。

在本调查问卷初稿设计完成之后，先在高端消费场所（如娱乐会所、度假区、高端商业购物场所等）请数个具有奢侈品消费经验者及专家针对问卷理解度进行测试，并进行预调查，根据反馈意见调整问卷，修正用词不当与语义不畅的问题。修正之后，为避免受访者对问卷题目有误解而误答，本研究将问卷制作成Word格式，通过电子邮件进行奢侈品消费者前测（pretest）。问卷收集时间大致一周，受访者均具有奢侈品消费经验，前测共回收有效样本30份，并以此作为问卷正式稿的参考。

2. 奢侈品消费者调查问卷对象的筛选。

基于研究目的是了解中国消费者的奢侈品品牌接受现状，本调查将研究对象界定为：曾经购买过奢侈品且目前居住在国内6个典型城市的消费者。具体城市选择及研究对象筛选如下：

问卷调查城市：一线城市——北京、上海、深圳，二线城市——南京、成都、武汉，共计6个。国内6个典型城市的选择依据基于以下考虑：

（1）问卷调查是在深度访谈基础上进行的，因此问卷调查与深度访谈的城市选择相同，也保持了研究样本的一致性。

（2）北京、上海、深圳属于国内公认的一线城市。这三大城市经济发达、商业繁荣，是奢侈品的消费集中地，研究其范围内的消费者具有意义。

（3）南京、成都、武汉属于国内二线城市。这三大城市作为新兴大城市的代表，也聚集了众多奢侈品消费者。研究对象不局限于一线城市，也能客观地反映出中国奢侈品消费者的全貌。

上述6个典型城市中，奢侈品消费者调查对象的选择具体标准如下：

（1）每月可支配收入在5000元人民币以上的消费者符合研究群体标准。

选择调查对象，首要考虑其是否具有能力购买奢侈品品牌。上述6个城市居民收入高，调查对象比较好甄选。奢侈品品牌的平均消费金额为2500元人民币，因此每月可支配收入定为5000元以上符合研究对象标准。

（2）除了基本消费能力，还应考虑消费者对于奢侈品品牌的认知是否与本研究假设相符合。郭娴君对中国奢侈品消费动机实证研究所示：奢侈品品牌识别低于7个品牌以下的受访者，其收入或购买奢侈品金额不符合奢侈品的研究标准。[①] 因此，本调查设定，如表4-1中7个类别，38个奢

---

① 郭娴君. 奢侈品消费行为实证研究（2007）[J]. 管理评论, 19(9):8-15.

侈品品牌识别7个（含7个）以上者，符合本研究标准。[1]

表4-1 奢侈品品牌识别表

香水	酒类	笔类	皮件	服装	表类	珠宝
Dior 迪奥	Hennessy 轩尼诗	Mont Blanc 万宝龙	Louis Vuitton 路易威登	CHANEL 香奈儿	Rolex 劳力士	BVLGARI 宝格丽
Gucci 古驰	Domaine Chandon 香桐酒庄	Parker 派克	Dunhill 登喜路	Armani 阿玛尼	Vacheron Constantin 江诗丹顿	Tiffany 蒂芙尼
Boss 波士	Cloudy Bay 云雾之湾	Dunhill 登喜路	Fendi 芬迪	PRADA 普拉达	Chopard 萧邦	Cartier 卡地亚
BVLGARI 宝格丽	Veuve-Clicquot 凯歌香槟	Cartier 卡地亚	Bally 巴利	Zegna 杰尼亚	Patek Philippe 百达斐丽	Van Cleef & Arpels 梵克雅宝
Givenchy 纪梵希		CROSS 高仕	HERMES 爱马仕	Boss 波士	OMEGA 欧米茄	Harry Winston 海瑞温斯顿
Burberry 博柏利		SheafferPan 犀飞利	Balenciaga 巴黎世家		Piaget 伯爵	

（3）调查对象回答的其购买奢侈品的平均金额与类别符合本研究奢侈品的选择标准。

第一节　奢侈品品牌接受群体分析

本次问卷调查是在21次深度访谈基础上，找到参照点，且在试验阶段试调查基础上，开展更大规模的正式调查。因条件有限，发放调查问卷750份，又由于受访者配合程度不高，仅回收480份。

被调查的206位消费者中，1960年以后出生的消费者对于奢侈品品牌的注意率为94.23%，他们承认自己注意奢侈品品牌，1960年以前出生的消费者中仅有7.84%的消费者对奢侈品品牌有过注意。1960年以后出生的消费者成为被消费主义影响的主要人群（见表4-2、图4-1）。

---

[1] 郭姵君. 奢侈品品牌资产研究[D]. 上海：复旦大学, 2008.

表 4-2　不同年龄人群是否注意过奢侈品品牌

是否注意过奢侈品品牌		1960年以后出生		1960年以前出生	
选项	人数	占比	人数	占比	人数	占比
A 是	106	51.46%	98	94.23%	8	7.84%
B 否	100	48.54%	6	5.77%	94	92.16%
合计	206	100.00%	104	100.00%	102	100.00%

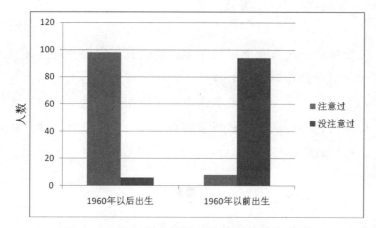

图 4-1 不同年龄人群是否注意过奢侈品品牌

之所以选择1960年作为划分节点，主要基于以下两点考虑。

第一，在深度访谈以及预调查中发现，奢侈品消费者的年龄大多集中在50周岁以内，该年龄段内奢侈品消费者最多。因此，确定1960年以后出生的消费者更符合本次调查的条件。

第二，自1978年中国实行改革开放政策以来，其最早影响的正是20世纪60年代出生（当时20岁左右）的人群，目前中国活跃的企业家中很多都是这一时期出生。他们年轻时赶上了中国改革开放大潮，他们在拼搏中建立企业、积累财富，他们也是中国最早使用奢侈品的一批人。

北京某媒体公司老板，男，1961年生：

"我是从1986年开始跑业务的，那时25岁，没有学历、没有好工作，我就利用我哥在东城区街道工作的关系，为街道的一些零零散散的广告牌招广告。干了一年，没想到比我哥当时五年赚的钱都多，于是我们俩都下海了，一起跑业务。我们应该是北京最早富起来的那群人。1990年我们就买了一辆桑塔纳，那时候的桑塔纳相当于现在的宾利轿车。1999年，我换了一辆桑塔纳2000，也是当年最新款。后来好车就多了，2004年我买了一辆本田雅阁，没开两年，2006年又换了宝马X5，现在我最喜欢的车是2011年买的保时捷卡宴。"

在这个典型的民营企业家换车案例中，我们发现消费主义的消费观念和消费习惯已经伴随他们的成长、成功，成为这些人的消费观念和消费习惯。正如齐美尔在时尚消费论中所说的那样，这位被访谈者热衷于汽车时尚的内在动力之一是时尚所拥有的社会补偿功能，他们认为消费即享受。相比之下，1960年以前出生的大多数消费者则表现出了不同的消费观念。

南京某医院退休人员，女，1949年生：

"奢侈品？我现在最大的奢侈品就是我的孙女，只要她要的我都买给她。我们这代人哪用过什么奢侈品，也不讲究这个。我们年轻的时候也有流行的东西，比如什么蝙蝠衫、脚蹬裤，我也买过，但是不像现在的小青年，穿不了几天就买新的了。我们那时的衣服很顶穿，能够穿很多年，我身上这件衣服还是我儿子上大学那年买的，现在不也很好哇。"

成都某国有企业退休人员，男，1950年生：

"我逛超市跟我儿子、儿媳完全不同，我几乎每天上午逛超市，把一家人的菜、生活用品采购齐，我在超市里专挑又新鲜又便宜的东西买，买到特价的东西多我就会特别高兴，这不也是给儿子省钱嘛！他们逛超市瞎买，有时候连价格都不看，所以我不让他们买任何东西，还是我来采购放心！"

以上两位被访者的消费观念是"节约就是快乐"。这种消费观念是中国传统的价值观，也是生产型社会所孕育的典型消费观。

一边是"消费即享受"，一边是"节约就是快乐"，消费主义改变了中国传统的价值观。在这种消费主义价值观的影响下，奢侈品品牌的接受心理如何呢？1960年以后出生的消费群体对于奢侈品品牌的接受心理，也正体现了中国消费主义的表现及发展。

在对21位消费者进行深度访谈基础上进行问卷调查，可以探求更深程度的奢侈品品牌传播接受心理。经过问卷调查，发现不同性别、不同年龄、不同收入的消费群体对于奢侈品品牌都有关注。

一、奢侈品品牌接受群体的性别因素分析

调查发现，不同性别对奢侈品品牌的了解程度差异不显著。总体来看，75.31%的调查者对奢侈品略知一二，20.08%的被调查者认为自己对奢侈品品牌比较了解，认为自己对奢侈品品牌非常了解的仅有4人，有18人对奢侈品品牌完全不了解，这也与前期探索性研究阶段中的比例相近，可以相互验证。在奢侈品品牌的了解程度上，性别差异并不显著（见表4-3和图4-2）。

表4-3 不同性别对奢侈品品牌的了解程度

对奢侈品品牌的了解		男性		女性	
选项	人数	占比	人数	占比	人数	占比
A 完全不了解	18	3.77%	4	3.12%	14	4.00%
B 听说一些	360	75.31%	86	67.19%	274	78.29%
C 比较了解	96	20.08%	38	29.69%	58	16.57%
D 非常了解	4	0.84%	0	0.00%	4	1.14%
合计	478	100.00%	128	100.00%	350	100.00%

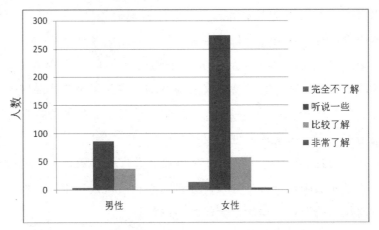

图 4-2　不同性别对奢侈品品牌的了解程度

二、奢侈品品牌接受群体的年龄因素分析

不同年龄段的消费群体对于奢侈品品牌的了解程度相差不大，20 岁以下消费者中有 75.00%"听说一些"奢侈品品牌，20.00%认为自己"比较了解"。20～29 岁之间，"听说一些""比较了解"各自占比（77.67%，20.39%），均超过了总体的占比（75.31%，20.08%）。这两个年龄段的人群主要是青年学生、上班族等，他们对奢侈品品牌的关注和认可主要源于他们对奢侈品品牌的好奇心理。法国路易威登曾做过一项调查，其销售商品的 20% 并不是由富裕阶层购买的，而是普通大众出于对奢侈品品牌的好奇和尝新心理而购买的（见表 4-4，图 4-3）。

表 4-4　不同年龄段对奢侈品品牌的了解程度

对奢侈品品牌的了解选项	20 岁以下		20～29 岁		30～39 岁		40～49 岁	
	人数	占比	人数	占比	人数	占比	人数	占比
A 完全不了解	2	5.00%	2	0.97%	12	6.98%	2	3.33%
B 听说一些	30	75.00%	160	77.67%	126	73.26%	44	73.33%
C 比较了解	8	20.00%	42	20.39%	32	18.60%	14	23.33%
D 非常了解	0	0.00%	2	0.97%	2	1.16%	0	0.00%
合计	40	100.00%	206	100.00%	172	100.00%	60	100.00%

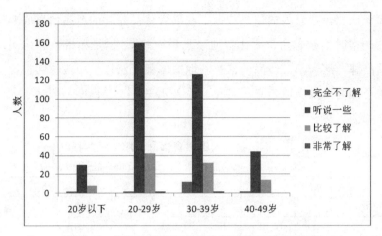

图 4-3　不同年龄段对奢侈品品牌的了解程度

从一位家庭富裕的中学生的访谈中,也可以感受到奢侈品品牌对于年轻消费群体的吸引力。

某男生,16岁,北京某中学高一学生:

"我知道的奢侈品品牌有 LV、GUCCI、BOSS、兰博基尼、法拉利,我们班很多同学都知道这些品牌。因为这些品牌都特别贵,一个包要好几万,我最喜欢的兰博基尼跑车要上千万呢!听说北京车展上有这款车,不过爸妈没带我去看。我觉得能开这个车的人一定是大明星,开起来太酷了!"

三、奢侈品品牌接受群体的收入因素分析

表 4-5 与图 4-4 是不同收入人群对奢侈品品牌的了解程度,从表中可见,不同收入人群对奢侈品品牌的了解程度不同,人们对奢侈品品牌的兴趣往往与收入水平呈正相关,这符合理性人的成本收益分析。奢侈品品牌的信息获取不是没有成本的,特别是奢侈品品牌传播活动一般不过分追求传播的

速度和受众面,在有限的信息传播下获取奢侈品品牌的新品信息成本是比较高的(一本时尚杂志通常要比普通杂志贵一些);但是如果不能购买及消费奢侈品品牌,这一部分较高的信息获取成本就无法取得相应的回报,一个理性人就会倾向于少获取信息。可见,收入水平在一定程度上抑制了人们对奢侈品品牌的兴趣。

表 4-5 不同收入人群对奢侈品品牌的了解程度

选项	5000元以下		5000~9999元		10000~19999元		20000元以上	
	人数	占比	人数	占比	人数	占比	人数	占比
A 完全不了解	13	6.34%	2	1.63%	2	2.47%	1	1.45%
B 听说一些	179	87.32%	96	78.05%	54	66.67%	31	44.93%
C 比较了解	12	5.85%	25	20.33%	24	29.63%	35	50.72%
D 非常了解	1	0.49%	0	0.00%	1	1.23%	2	2.90%
合计	205	100.00%	123	100.00%	81	100.00%	69	100.00%

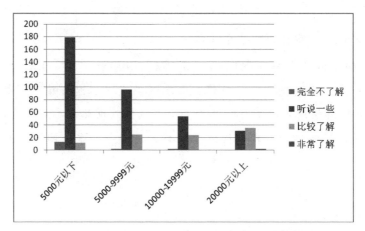

图 4-4 不同收入人群对奢侈品品牌的了解程度

通过从性别、年龄、收入三个维度的调查,发现各种年龄、收入的人群对于奢侈品品牌都有所了解,其中对奢侈品品牌的了解程度与收入呈现正相关,与性别、年龄没有明显的相关关系。可见,不同年龄、收入的社会大众都正在接受并了解着奢侈品品牌,在消费主义影响下奢侈品品牌成为社会大众的关注对象。

第二节　奢侈品品牌接受与大众品牌接受比较

在消费主义的影响下，伴随着中国经济的繁荣稳定，中国的奢侈品市场呈现出井喷式的发展态势。根据上节所做的奢侈品品牌接受实态调查数据，我们不难发现，中国奢侈品品牌消费日渐呈现大众化的趋势。但进一步调研发现，奢侈品品牌与大众品牌在接受心理、购买因素、获取信息方式等方面存在明显差异。

一、接受心理和购买因素比较

在参与问卷调查的480位被调查者中，除12位没有回答此问题外，有202位被调查者从未购买过奢侈品品牌，214位偶尔购买，44位有时购买，8位经常购买（见表4-6）。

表4-6　奢侈品品牌的购买情况　　　　　　　　　　（单位：人）

	总体	男性	女性
从未购买	202	48	154
偶尔购买	214	60	154
有时购买	44	12	32
经常购买	8	2	6
合计	468	122	346

面向普通社会大众的调查中，近一半的被调查者从未购买过奢侈品品牌。进一步分析，在202位从未购买过奢侈品品牌的被调查者中，有166人的月收入在5000元以下，可见收入水平是他们做出购买决策的主要因素。

受到消费主义趋势影响的消费群体（指1960年以后出生的消费群体），虽然对奢侈品品牌表现出94.23%的关注度，却仅有56.84%的购买率，这表现出奢侈品品牌的消费心理与接受心理不同，消费行为受多重因素的影响和制约，而接受心理更具有普遍性。

如果经济状况是影响人们购买奢侈品的重要因素，那么在经济条件允许的情况下，奢侈品的消费会大于大众商品吗？在本次调查中，有194人回答是，260人回答不是，还有26人表示不确定。合并同类回答后进行总结，在经济条件允许的情况下，选择奢侈品品牌消费的原因主要有：

（1）品质保证，品牌价值；

（2）享受生活，享受人生；

（3）身份象征，品位体现。

一部分被调查者认为对奢侈品的消费是身份地位的体现，更有人认为是工作所需。但是，大多数被调查者则是基于理性决策。这一方面说明奢侈品的品牌、品质和服务得到了普遍的认可，另一方面体现出享受精致生活是人们本能的渴望。有的被调查者表示："奢侈品的确让我感受到、看到美，心情舒畅。""看重其质量和服务，其款式和品牌自不必多说。""奢侈品比大众商品更具审美价值。""在经济条件允许下，应该选好的。""每个人都希望拥有精彩的生活，既然有条件，为什么不呢？""既然条件允许，就要好好善待自己及家人。"

那么，在经济条件允许的情况下，仍坚持消费大众品牌的消费者提出的原因主要有：

（1）简单朴实、勤俭节约的消费观；

（2）奢侈品品牌性价比不高，大众品牌经济实惠，更贴近生活，选择面更广；

（3）钱可以用来做其他更有意义的事；

（4）奢侈品一般用在特定的地点和场合，平常的生活大众商品即可；

（5）奢侈品只是偶尔才会买，使用大众商品时会更随意，但用奢侈品时会小心翼翼；

（6）奢侈品之所以称之为奢侈品，是因为它昂贵。如果商品都成了奢侈品，那也就无所谓奢侈品了。

比较大众品牌与奢侈品品牌的消费影响因素，能够更进一步了解消费群体的接受心理和购买因素。

表4-7和图4-5统计了大众品牌和奢侈品品牌的不同影响因素——价格、款式、质量、品牌和服务中，哪项是影响被调查者购买决策的最重要的因素？从表中可见，价格、款式、质量都是影响大众品牌的重要因素；品牌成为奢侈品品牌的重要标志——有262位被调查者把品牌列为影响奢侈品品牌购买决策的最重要的因素。

表4-7 大众品牌与奢侈品品牌的消费影响因素 （单位：人）

品牌	价格	款式	质量	品牌	服务	合计
大众品牌	106	174	128	54	14	476
奢侈品品牌	54	66	44	262	50	476

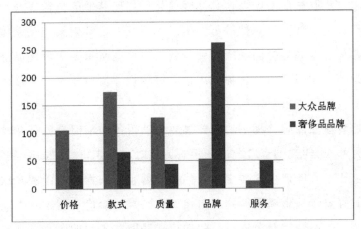

图4-5 大众品牌与奢侈品品牌的消费影响因素

二、信息接受方式比较

在对被调查者进行"对奢侈品品牌了解渠道"的调查时发现，有32%的被调查者通过时尚杂志了解奢侈品品牌，26%的被调查者通过网络媒体了解，23%的被调查者通过品牌商店了解，19%的被调查者通过朋友家人了解（见图4-6）。

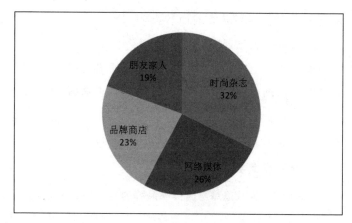

图4-6 对奢侈品品牌了解渠道

中国社会大众对于奢侈品品牌的了解主要来源于时尚杂志。许多人从时尚杂志中获取最前沿的奢侈品品牌信息。相比其他的传播媒介，时尚杂志通常具有美观性、渲染性等彰显美感的特征，视觉效果和美感体验有助于受访者与奢侈品品牌的亲密接触。网络媒体也是重要的奢侈品品牌宣传媒介，此外，品牌商店的传播作用也不可忽视。口口相传在奢侈品品牌传播过程中也发挥了重要作用。

虽然奢侈品品牌传播不追求信息教育的覆盖面，但是仍有95%的被调查者（另外5%的被调查者此题未填写）从时尚杂志、网络媒体、品牌商店，以及朋友和家人的口口相传中对奢侈品获得了不同程度的了解，这与奢侈品品牌的有限传播形成了鲜明的对比。这一点也恰恰说明，与大众品牌的信息获取方式不同，对奢侈品品牌的信息获取是主动的而非被动的，或者更准确地说，主动成分多于被动接收成分。

三、奢侈品品牌接受与大众品牌接受调查结论

如上对奢侈品品牌及大众品牌在接受心理、购买因素及购买方式的比较调查中不难看出，消费者对奢侈品品牌接受与大众品牌接受存在较大差异，具体体现在以下两点。

第一，从接受心理来看，消费者重视大众品牌的"质量、信誉、个性"，奢侈品品牌的"品性、品位、尊贵"。

消费者一般按需购买大众品牌，其认为大众品牌是商品实惠与美观的代表，因此质量是消费者选择大众品牌的主要原因。调查也表明，大众品牌的消费者多数认为一般大众品牌也有信誉，比如有调查者认为"大众品牌是长期以来形成的购买习惯""消费观念不会轻易改变"。习惯源于该品牌的信誉。消费者购买大众品牌也体现出个性化的原因，例如有消费者就认为"以合适为生活消费的选择目标，而不是唯品牌取舍"。

而消费者选择奢侈品品牌，则更多基于"品性、品位、尊贵"的接受心理。有消费者认为，"奢侈品品牌是社会所需，面子所在"，"我喜欢"。其享受生活、享受人生的生活品性被刻画出来。当然，多数消费者认为奢侈品品牌是身份象征，品位体现，奢侈品能"提升品位，享受精致生活"。不难看出，奢侈品品牌在一定程度上是品位、地位的象征，能使消费者提升自我价值和品位，提高消费自信。

第二，从接受方式来看，消费者接受大众品牌方式较"传统、大众、单一"，接受奢侈品品牌则"主动、小众、全面"。

调查显示，多数消费者认为传统渠道就可以接触到大众品牌的介绍，例如企业进行的传统广告投放，消费者日常生活中大多被动接受这种大众品牌的宣传方式，消费者对大众品牌的接受方式也融入了企业的大众营销观念之中。因此，"传统、大众"是大众品牌的接受方式。同时，由于大众品牌一般属于消费者的生活必需品，购买频繁，因此消费者的购买方式较随意、单一。

不同于大众品牌的接受方式，奢侈品消费者则体现出主动寻找的方式，一般寻找的途径也较多，不但包括传统媒体宣传，也包括口碑传播以及新媒体传播。消费者选择奢侈品品牌的途径往往也会集中在"前沿、时尚"的宣传方式上，不难理解，小众化反映出了一部分奢侈品消费者的接受习惯。同时，消费者往往也以全面、深入、立体方式去搜寻其信息，达到全面了解奢侈品品牌的目的。

第三节　奢侈品品牌接受元素分析

前文对奢侈品品牌的接受群体特征及其与大众品牌的接受比较做了深入分析，不难看出，奢侈品品牌接受群体的性别、年龄及收入影响其对奢侈品品牌元素的理解，不同性别、年龄及收入的群体会选择不同的奢侈品品牌元素进行接受，那么这些接受群体在奢侈品品牌选择以及接受时优先考虑哪些奢侈品品牌元素值得关注。同时，与大众品牌的接受元素相比，消费者接受奢侈品品牌的元素如何不同也需要进行深入分析。因此，研究奢侈品品牌的接受元素显得颇为重要。

国外研究者雷斯特·约翰逊认为消费者对奢侈品品牌的消费动机展现出人际影响和自我影响，人际影响包括炫耀价值、独特价值、社会价值，而个人自我影响包括情感价值和质量价值。[①] 在调研设计中，作者充分考虑了文献理论，对奢侈品品牌的品牌感知进行了分类。

从表 4-8 中可以发现，大多数人倾向于把奢侈品品牌与下列因素联系起来——外形美观、尖端科技、顶级的产品质量、高贵典雅、历史悠久、贵族气质、身份地位的象征、个人品位的体现、享受精致生活。其中，最为突出的是，有 203 位被调查者"非常同意"或"比较同意"奢侈品品牌"高贵典雅"，有 195 位被调查者"非常同意"或"比较同意"奢侈品品牌有"顶级的产品质量"。

---

① Vigneron Franck, Lester W Johnson. A Review and a Conceptual Framework of Prestige-Seeking Consumer Behavior[J]. Academy of Marketing Science Review, 1999:1.

表 4-8 奢侈品品牌的品牌感知　　　　　　　　　（单位：人）

品牌感知	非常同意	比较同意	中立	比较不同意	非常不同意
外形美观	96	73	50	5	0
尖端科技	81	66	57	19	1
顶级的产品质量	133	62	23	5	1
高贵典雅	133	70	19	2	0
历史悠久	101	67	41	13	2
贵族气质	111	64	41	6	2
名人代言	50	40	90	33	11
身份地位的象征	98	79	39	6	2
个人品位的体现	106	70	39	7	2
享受精致生活	101	76	39	6	2
引领时尚潮流	82	67	56	15	4
奢侈浪费	23	31	106	45	19
生活腐化	14	18	84	56	52

通过元素分类，得到奢侈品品牌感知的四个重要元素：物理元素、质量元素、文化元素、情感元素。表 4-9 左侧元素中，前 7 个是从企业出发，发送给消费者的传播信息，包括"外形美观、尖端科技、顶级的产品质量、高贵典雅、历史悠久、贵族气质、名人代言"，后 4 个是从消费者出发，接受并认同的品牌价值认同。

表 4-9 奢侈品品牌的品牌感知元素分类　　　　　　（单位：人）

品牌元素分类	品牌感知	非常同意	比较同意	合计
物理元素	外形美观	96	73	169
物理元素	尖端科技	81	66	147
质量元素	顶级的产品质量	133	62	195
情感元素	高贵典雅	133	70	203
文化元素	历史悠久	101	67	168
情感元素	贵族气质	111	64	175
情感元素	名人代言	50	40	90
情感元素	身份地位的象征	98	79	177
情感元素	个人品位的体现	106	70	176
情感元素	享受精致生活	101	76	177
文化元素	引领时尚潮流	82	67	149

第四节　奢侈品品牌价值认同分析

从消费者的需求目的来讲，中国消费者选择消费奢侈品或是单纯满足于奢侈品品牌的高品质，或是消费者的思想与奢侈品的品牌文化相契合，或是欣赏奢侈品品牌的设计美感，或是用来装点身份，以便获得圈子的价值认同等（见表4-10）。

表 4-10　奢侈品品牌的价值认同　　　　　　　　　（单位：人）

价值认同	非常关注	比较关注	一般	比较不关注	非常不关注
审美价值	94	110	27	1	0
实用价值	134	85	13	0	0
文化价值	27	75	101	27	2
象征意义	42	83	79	24	4
圈层认同价值	45	57	67	46	17

从消费者出发，表4-10反映了被调查者对奢侈品品牌的价值认同。其中，实用价值获得了最高的认同感，其次是审美价值，只有一名被调查者表示比较不关注。可见，即使是尚且没有强大的经济实力大量购买奢侈品的普通大众消费阶层也已经形成了这样的共识：奢侈品往往采用最优质的原料、最精湛的技术、最尖端的科技，因而是高品质的象征；同时，奢侈品可以带给人们感观的愉悦和美好的享受。这与表4-9中"物理元素""质量元素""情感元素"相对应。

相比而言，奢侈品品牌的文化价值、象征意义和圈层认同价值受到较少的关注。但分析月收入在20000元以上的被调查者，却得到了不同的奢侈品品牌的价值认同（见表4-11）。

表 4-11　月收入 20 000 元以上被调查者对奢侈品品牌的价值认同　（单位：人）

价值认同	非常关注	比较关注	一般	比较不关注	非常不关注
审美价值	27	30	12	0	0
实用价值	40	27	2	0	0
文化价值	25	27	6	11	0
象征意义	40	11	12	6	0
圈层认同价值	31	10	23	5	0

这类被调查者关注的因素依次是实用价值、象征意义、圈层认同价值、审美价值、文化价值。

共有 42 人"非常关注"奢侈品品牌象征意义，其中 40 人的月收入在 20 000 元以上（见表 4-11）。被调查的高收入者之所以如此关注奢侈品品牌的象征意义，说明象征意义是他们消费奢侈品品牌的重要原因。奢侈品品牌具有超出实用价值的"象征价值"，是消费者炫耀财富、身份地位和生活方式的象征符号。虽然现代社会的高速发展已经在许多领域改变了人们的观念，但是，一直以来，社会的变迁并没有改变奢侈品品牌是象征高人一等的阶层的形象物品这一观念，奢侈品品牌依然可以满足人们的地位、身份、权力的象征要求，透露着主人的身份、地位、职业、爱好和性格等个人信息。

富裕阶层之所以热衷于奢侈品消费的重要原因，一方面是通过奢侈性消费显示自己的经济实力和社会地位。在商品社会里，财富的多少是衡量人生成败的关键指标之一。另一方面是要通过炫耀式消费来维系和创造个人生存与事业发展的关系网络。在社会生活中，奢侈品品牌的炫耀性消费是人们借以表现财力并借此获得或维持好名声的主要途径和手段之一。对于消费者来说，奢侈品品牌的附加价值表现为消费该商品所能获得的诸如地位、身份、意境等炫耀性的享受，这种附加价值足以促使有这种需要的消费者倾囊争购。

调研结果显示，消费者对于奢侈品品牌价值认同主要体现在：实用价值、象征意义、圈层认同价值、审美价值、文化价值方面。从消费者价值认同的重要性来看，其对奢侈品品牌价值认同有如下三个特征：

首先，奢侈品消费者最重视实用价值和象征意义。如表4-11反映出的消费者对于奢侈品品牌的价值认同，被调查者非常关注的是实用价值和象征意义，这表明在奢侈品消费者看来，奢侈品品牌的实用价值是基础，离开实用价值，奢侈品品牌同样不会受到消费者的青睐；同时，象征价值则体现为消费者看重奢侈品的无形价值，即消费者也认可消费奢侈品是个人身份、地位等意义的象征，这点对于奢侈品品牌也十分重要。

其次，奢侈品消费者认为圈层认同价值也比较重要。这反映出消费者购买奢侈品在某种程度上存在群体消费观念，本书中部分深度访谈对象也认为奢侈品品牌能给个人在群体交流中带来一些话语权。例如，在奢侈品品牌群体互动中，一些奢侈品消费者会谈论"奢侈品"话题，聚焦某最新款奢侈品。这一方面体现出消费奢侈品对维系圈层文化的重要性，另一方面也反映出奢侈品消费者圈层价值的认同。

最后，奢侈品消费者也关注其他价值。除了前文所述实用价值、象征意义及圈层认同价值，奢侈品消费者对审美价值及文化价值也会关注。当然，如果将审美价值视为文化价值的体现之一，那么消费者的价值认同也体现在文化价值方面。如上所述，将奢侈品品牌价值认同归纳为对四个方面价值的接受，即实用价值、文化价值、圈层认同价值、身份象征价值。

第五章 奢侈品品牌接受模型的构建

对消费主义的理论梳理和对中国消费主义影响的反思，构建出中国奢侈品品牌接受模型创建的社会文化和经济背景。同时，作者借鉴品牌接受模型理论的研究方法和思路，引入品牌识别棱镜、符号学矩阵、符号映射三个符号学分析工具，在对量化调查问卷、深度访谈记录进行分析的基础上，深入解析影响奢侈品品牌接受的主要因素，创新性地构建出四维透视性奢侈品品牌接受模型。

第一节 奢侈品品牌接受模型的构建

通过实证调研发现，消费主义影响下奢侈品品牌成为社会大众的关注对象，奢侈品品牌传播的信息获取主动成分大于被动成分，被调查者对奢侈品品牌和大众品牌的接受心理和购买因素呈现明显的区隔。奢侈品品牌的品牌感知元素可归纳为四个重要元素：物理元素、质量元素、文化元素、情感元素。奢侈品品牌的品牌价值认同体现为实用价值、象征价值、圈层认同价值、审美价值、文化价值。

一、四维透视性奢侈品品牌接受模型预设计

作者结合理论研究，在进行深度访谈、问卷调查分析的基础上，进行了四维透视性奢侈品品牌接受模型的预设计。其基本考虑为：以上一章分析得出的奢侈品品牌四种品牌元素为基础，通过融合性品牌传播，品牌接受者进行透视性逐层递进接受，从而可以明晰简洁地显示出奢侈品品牌接受的模型（见图5-1）。

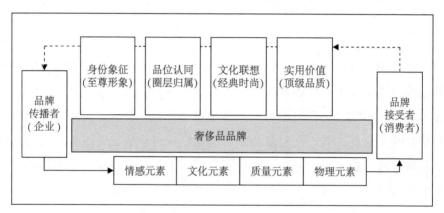

图5-1 四维透视性奢侈品品牌接受模型预设计图（作者自创）

对如上预设计图的说明如下：

（1）本图从左到右为品牌传播者（企业）传播奢侈品品牌的过程，从右到左为品牌接受者（消费者）接受奢侈品品牌的过程，形成一个传播闭合。

（2）本图水平线以下为品牌传播者（企业）的品牌传播内容，水平线以上为品牌接受者（消费者）的品牌接受过程。

（3）水平线以下代表整个奢侈品品牌，亦即一个奢侈品品牌传播内容系统，该传播内容系统由奢侈品品牌的物理元素、质量元素、文化元素、情感元素四个品牌维度有机结合而成，四个元素是一个整体，无法割裂。这种

划分，只是便于从不同维度中分析奢侈品品牌特性，也使林林总总的品牌元素有所归属。在奢侈品品牌传播中，四维元素共同融合性传播（见表5-1）。

表5-1 奢侈品品牌元素包含内容

品牌元素	包含内容
物理元素	独特或稀缺的原料，创新富有设计感的外形，独特的工艺技术，尖端的科技等
质量元素	耐用性能好，包装优异，服务体验佳等
文化元素	地缘文化、历史积淀、时尚潮流、价值观念、宗教信仰、艺术审美等
情感元素	极具吸引力的品牌个性，高贵的品牌形象，卓越的品位体现等

（4）水平线以上，形成消费者对奢侈品品牌的四维（逐层）透视性接受。四维（逐层）透视性接受与奢侈品品牌的品牌元素亦有对应关系：奢侈品品牌的物理元素与质量元素相结合，形成奢侈品品牌的实用价值（顶级品质）接受；质量元素与文化元素相统一，构成奢侈品品牌的文化联想（经典时尚）接受；文化元素与情感元素相结合，组成奢侈品品牌的品位认同（圈层归属）接受；最后由情感元素，形成奢侈品品牌的身份象征（至尊形象）接受。

二、专家咨询与修订

作者通过研究，进行了上面的四维透视性奢侈品品牌接受模型预设计后，为使其更具解释力，进行了专家咨询。本研究的专家咨询借鉴了德尔菲法中的反馈匿名函询操作程序，在预设计征得专家的意见之后，再归纳、调整。由于征求意见的不是预测性的问题量表，而是概括性的认知表述，故没有严格地按照德尔菲专家咨询法进行四轮征询调查，再加上人力、时间等限制，故采用两轮咨询。

本研究的专家咨询，在四维透视性奢侈品品牌接受模型预设计图及说明基础上，采用当面咨询、用E-mail的方式进行专家咨询。咨询的专家为学界和业界两方面的9位专家，学界主要是广告与品牌学科的高校教师，业界是知名品牌企业高管（见表5-2）。

表 5-2 参加咨询的专家构成

高校教师		品牌企业	
教授	副教授	总经理	部门总监
3人	2人	2人	2人

专家代表性修改意见：

×大学教授：四维透视性奢侈品品牌接受模型预设计图，明显是根据马斯洛的需求层次理论来展开的，目前的模型图虽然显示了奢侈品品牌的四维逐层透视性接受具有递进性，也通过动态的箭头进行了显示，但横向的排列与人们以马斯洛需求层次理论对应性来审视奢侈品品牌接受习惯不相吻合。建议进行模型图走向的调整，转换为纵向排列，从而显示消费者在首先完成其对于奢侈品品牌实用价值接受基础上，逐层上升，最后进行其对于奢侈品品牌身份象征（至尊形象）的接受，如此对应了马斯洛最高层次的自我实现需要。

×公司总经理：奢侈品品牌的实用价值是品牌接受的基础，在实用价值得到满足后，企业可以将文化元素赋予品牌，通过文化和思想的价值渗透，达到其诠释经典引领时尚的目标，推动消费浪潮的发展。同时，消费者将自己的情感元素与之结合，通过消费奢侈品彰显自己的高贵品位和圈层归属，获得心理上美好的记忆、感受、遐想。最终，奢侈品品牌的物理元素、质量元素、文化元素、情感元素有机融合在一起，形成奢侈品品牌的身份象征。其逻辑链的对应上升是合理的，但在具体图示中，应该显示对应互动的轨迹，使之更为周密与清晰。

×公司营销总监：在奢侈品品牌的营销传播中，其物理元素、质量元素、文化元素、情感元素不同于一般大众品牌传播重点强调一个独特销售主张，而需整合或融合起来进行传播沟通。因为奢侈品品牌的消费者，即使消费能力强，他们对于奢侈品品牌的要求也是苛刻的，往往进行深入的审视。这样奢侈品品牌传播就不会是像模型预设计图那样，对于四元素逐一有层次地传播，而是整合性或融合性地传播，如此才能显示奢侈品品牌产品物有所值，才能打动消费者。

×大学教授：虽然目前的四维透视性奢侈品品牌接受模型预设计图对奢侈品品牌传播者的传播，以及消费者对品牌的接受，形成了一个自洽性的闭环，但消费者作为接受主体，他的认识是有着轨迹的，是按照线性发展上升的；而四维透视性奢侈品品牌接受模型名称的本身，也显示模型主要是从消费者接受出发，且有一个"透视"的历时性过程，因此在图示上需要进行符号化的表示。

×公司总经理：奢侈品品牌的消费与接受，其实是相当理性的，其中相当一部分是作为送礼馈赠所用，在这种情况下，消费与接受的理性成分更为突出，因为对应不同的送礼馈赠对象要选择不同的奢侈品品牌，非常有讲究。既然进行奢侈品品牌接受模型的研究，相信也是从理性出发的，希望其中有着合理性与科学性，因此，图示中最好融入"理性"的字眼，以区别大众品牌的传播接受。

其他专家的咨询意见，也基本可融入如上五位专家的代表性的意见中，如此，四维透视性奢侈品品牌接受模型预设计图的修订意见便集中于三点：

- 纵向性的接受层级表示，且显示互动性的逐层提升
- 奢侈品品牌的传播其要素内容应突出其融合性
- 在自洽性闭环之外，还应加上消费者理性接受的动态符号

根据如上专家学者的修改意见，我们对初步设计的四维透视性奢侈品品牌接受模型预设计图进行了修订和完善，并将修改后的模型图初稿发给专家学者进行第二轮的专家评议，并得到专家们趋于一致的肯定，并最终形成了四维透视性奢侈品品牌接受模型。

四维透视性奢侈品品牌接受模型是以物理元素、质量元素、文化元素、情感元素为基础，通过四种元素的相互融合、相互作用，使之成为影响消费者接受奢侈品品牌的四个维度。奢侈品品牌接受者进行透视性逐层递进

接受，明晰简洁地构建出四维透视性奢侈品品牌接受模型（见图5-2）。

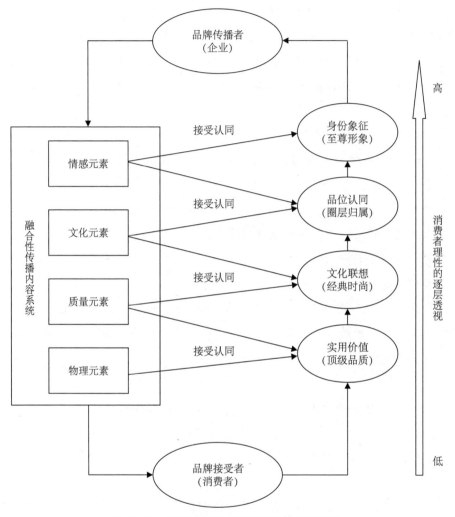

图5-2　四维透视性奢侈品品牌接受模型

（1）本模型左部分从上到下为品牌传播者（企业）传播奢侈品品牌的过程，右部分从下到上为品牌接受者（消费者）接受奢侈品品牌的过程。形成一个传播闭合。

（2）本模型左部分为品牌传播者（企业）的品牌传播内容，右部分为品牌接受者（消费者）的品牌接受过程。

（3）融合性传播内容系统由奢侈品品牌的物理元素、质量元素、文化元素、情感元素构成品牌的四个维度。这四个品牌维度有机结合而成，四个维度是一个整体，无法割裂，并形成了一个"融合性传播内容系统"。这种划分，只是便于从不同维度中分析奢侈品品牌特性，也使林林总总的品牌元素有所归属，便于研究品牌接受模型。在实际的奢侈品品牌传播中，四维元素是通过融合性得以传播的。

（4）品牌接受过程呈现出消费者对奢侈品品牌从低到高四维（逐层）透视性接受。四维（逐层）透视性接受与奢侈品品牌的品牌元素亦有对应关系：奢侈品品牌的物理元素与质量元素相结合，形成奢侈品品牌的实用价值（顶级品质）接受；质量元素与文化元素相统一，构成奢侈品品牌的文化联想（经典时尚）接受；文化元素与情感元素相结合，组成奢侈品品牌的品位认同（圈层归属）接受；最后由情感元素，形成奢侈品品牌的身份象征（至尊形象）接受。同时，各对应的传播四个维度与接受的四个层次，总是互动性地形成接受认同，并呈由低到高的趋势。

（5）在本模型图所显示的品牌传播者（企业）传播奢侈品品牌的过程，与品牌接受者（消费者）接受奢侈品品牌的过程所形成的传播闭合之外，有着一个由下往上的上升箭头，其表达的是"消费者理性的逐层透视"。而这里的"消费者理性的逐层透视"为模型的可解释性、应用性、观点创新性提供了参照。

三、奢侈品品牌接受模型的四维透视性

我们知道，马斯洛的需求层次理论很准确地描述出一个健康的、追求成功的主体人，必然地存在着由低到高的需求逐步提升的层次性，而奢侈品品牌一定意义上又是成功者从消费上得以符号化显示的重要途径，如此，奢侈品品牌的四维（逐层）透视性接受也就必然具有递进性。这种对应，既是对马斯洛需求理论的借鉴，又是对其理论在奢侈品品牌消费领域的一个自然应用与超越。消费者首先完成其对于奢侈品品牌实用价值（顶级品质）的接

受，接着形成其对于奢侈品品牌文化联想（经典时尚）的接受，然后完成其对于奢侈品品牌品位认同（圈层归属）的接受，最后形成其对于奢侈品品牌身份象征（至尊形象）的接受。低层接受认同后转向更高层次的接受认同。

奢侈品品牌的实用价值是品牌接受的基础，在实用价值得到满足后，企业可以将文化元素赋予品牌，通过文化和思想的价值渗透，达到其诠释经典引领时尚的目标，推动消费浪潮的发展。同时，消费者将自己的情感元素与之结合，通过消费奢侈品品牌彰显自己的高贵品位和圈层归属，获得心理上美好的记忆、感受、遐想。最终，奢侈品品牌的物理元素、质量元素、文化元素、情感元素有机融合在一起，形成奢侈品品牌的身份象征。这种象征意义带有社会公众性。顾客在消费奢侈品品牌的同时，也在向他人展示自我，表达自己在社会中的阶层和地位，突出自己的至尊形象。

在形形色色的品牌中，奢侈品品牌将这四个维度体现得最为充分。同样，这四个维度是否做得尽善尽美也是衡量奢侈品品牌的重要工具。因此，奢侈品品牌应注重打造其顶级品质，通过文化的价值渗透，实现诠释经典引领时尚的目标，同时，奢侈品品牌应尽力满足顾客的情感诉求，帮助其彰显个人魅力，打造至尊形象。

第二节　四维透视性奢侈品品牌接受模型解析

奢侈品品牌接受过程由低到高呈现四维透视性，从实用价值（顶级品质）接受到文化联想（经典时尚）接受，到品位认同（圈层归属）接受，再到身份象征（至尊形象）接受。其中，实用价值维度是奢侈品品牌接受模型的基础，文化联想维度是奢侈品品牌接受模型的核心，品位认同维度是奢侈品品牌接受模型的关键，最终奢侈品品牌的接受维度归结为身份象征。

一、实用价值维度是奢侈品品牌接受模型的基础

由奢侈品品牌物理元素和质量元素组合构成的实用价值品牌接受维度是四维元素的奢侈品品牌接受模型的基础和起点。之所以将其作为起点,是因为使用价值和价值是商品的基本属性,使用价值是价值的物质基础,和价值一起,构成了商品二重性。① 商品之所以为商品首先应该有使用价值,而由物理元素和质量元素组合而成的奢侈品实用价值(顶级品质)更是容易让人们体会"贵的东西就是好的"。

某女士,31,现居成都,家境富裕的全职主妇:
"我相信贵的东西就是好的,我和我先生结婚时买的这对钻戒,香港卡地亚专柜买的,中国地区就这一对,Carole Forestier-Kasapi② 设计的,钻石的净度、颜色、磨切都是最高等级,我们的朋友都说第一次看到这么美的钻戒。"

从以上案例可以看出,一个典型的奢侈品消费者,她对钻戒这种极富情感价值的商品,首先所看重的居然是实用价值(顶级品质)。不仅如此,在问卷调查中,社会大众对奢侈品品牌的价值认同中实用价值也是最被关注的因素,被调查者中有134人"非常关注"奢侈品品牌的实用价值,在所有选项中位列第一,没有人选择"比较不关注"和"非常不关注"实用价值。这也能反向说明为什么众多奢侈品品牌生产商都在品质上下足功夫。

实用价值(顶级品质)是奢侈品品牌接受的基础和起点,奢侈品品牌从物理元素和质量元素的组合维度打造奢侈品品牌的实用价值(顶级品质),具体体现在:原料、外形、技术、科技、包装等方面。

---

① [德]马克思. 资本论 [M]. 第1版. 郭大力,王亚南,译. 上海:上海三联书店,2009:3.
② Carole Forestier-Kasapi,钟表界首屈一指的女性设计师。

（一）以原料的稀缺性提升实用价值

独特的原料资源让竞争对手难以超越。成本高昂的用料，赋予商品很高的价值。正因为奢侈品品牌独特和稀少的高级原料，人们产生了一种对"稀有资源的竞争"，人们潜意识里的"物以稀为贵"，使得人们产生了更强的占有欲望，而这时候的高价也更趋合理化。用料上的独一无二使奢侈品精致而唯美，奢侈品品牌因此成为无国界品质的代名词和符号。

案例：杰尼亚（Zegna）。[①]

杰尼亚对完美的定义从原料开始，将优雅到极致的风格织入面料。杰尼亚的服装用料可谓费尽心机，考究得让人觉得过于奢侈：澳大利亚的美利奴羊毛，南非的马海毛，中国内蒙古的羊绒、江浙的丝绸等，全是当地最好的原料。

限量版的杰尼亚西服，采用12～13微米的羊毛精纺而成，用肉眼看甚至比丝绸还要薄，由意大利设计，并根据面料对气候的要求在瑞士制作，纽扣采用兽类最坚硬的角质做成。

极品面料成就的是极致的品质。一套穿过的西装，放回衣柜用衣架挂上6天，西装上的褶皱就会自然拉平，看上去就和刚刚熨烫过的一样。杰尼亚的实用价值从原料的稀缺与精选中得到提升。

案例：香奈儿（Chanel）。[②]

香奈儿5号香水，是全球第一支乙醛花香调的香水。与其他所有香水相比，香奈儿的香料一直是不可取代的。它的香料由法国南部格拉斯地区的五月玫

[①] 杰尼亚是世界闻名的意大利男装品牌，最著名的是剪裁一流的西装，亦庄亦谐的风格令许多成功男士对杰尼亚钟爱有加。

[②] 创始人Gabrielle Chanel于1913年在法国巴黎创立香奈儿品牌。香奈儿的产品种类繁多，有服装、珠宝饰品及其配件、化妆品、护肤品、香水，每一种产品都闻名遐迩，特别是她的香水与时装。香奈儿时装永远有着高雅、简洁、精美的风格，它善于突破传统，早在20世纪40年代就成功地将"五花大绑"的女装推向简单、舒适，可谓是最早的现代休闲服。

瑰、茉莉花、乙醛等80种成分组合而成，清幽的繁花香气凸显女性的娇柔妩媚。为避免损坏花瓣和香气，必须采用人工采摘，从7月一直持续到10月。因为茉莉花不喜阳光，采摘往往始于黄昏。最好的工人1小时可摘500～700克花。1千克即1万朵花，350公斤花可生产1公斤香精，最终提取出550克精华，构成香奈儿5号的香气。特殊的原料使得香奈儿拥有顶级品质。

（二）技术稀缺带来的实用价值提升

从社会和经济的发展角度看，资源的稀缺性必将提升其长期价值。在世界范围内，自然资源具有绝对稀缺和不可再生性的总体特征，有限的资源储量与持续增长的需求，加之资源定价的市场化决定了自然资源价值将长期持续提升。因此在对稀缺原料的重视之外，稀缺技术成为奢侈品品牌独有的价值，而且更具长足的发展潜力。

案例：宾利（Bentley）。[1]

百分之百的手工制造是宾利昂贵的理由，生产一辆其他汽车也许只需一个星期，而生产一辆宾利汽车则需要半年时间。

英国克鲁宾利汽车的生产车间，除了油漆间外，没有一只机械手。其生产线是世界上最慢的，车身在生产线上每分钟只能移动6英寸。仅从车内的皮饰，就可以看出宾利制造过程的精湛考究：平均每台宾利车要用到400多块皮子，取得这些皮子要用15头牛，每头牛仅使用约4平方米的皮子；并不是所有的牛皮都能用，宾利只青睐CONNOLLY-GRADE牛皮——这些牛皮来自于专门的养牛场，场主采取专门措施，精心保护牛的背部，防止其打架时被牛角撞伤；包一个方向盘需要花费一名熟练工人15个小时，一辆车的整个内饰则要花费13天才能完成；每个皮件都有责任人签名；即使是发动机，也是手工组装，每个螺丝都是人工用扳手拧紧的。独一无

---

[1] 宾利汽车公司（Bentley Motors Limited）是举世闻名的豪华汽车制造商。在近百年的历史长河中，宾利品牌依然熠熠生辉，不断给世人呈现出尊贵、典雅与精工细做的高品质座驾。

二的手工技术让宾利的实用价值极度体现。

案例：劳力士（Rolex）。①

1926年，劳力士推出了世界上第一只防水防尘表，即著名的劳力士"蚝式（OYSTER）"表。1927年，一位英国女游泳运动员戴着这种防水表横渡英吉利海峡。在水中整整浸泡了15个小时后，那只劳力士表仍旧分秒不差，运转如常。当时，这件事被英国媒体称为"制表技术最伟大的胜利"。劳力士由此奠定了在手表防水技术上的领先地位。

1931年，劳力士制造出了后来风靡一时的"恒动（PERPETUAL）"表，给钟表业带来了一场革命。这种自动表的中轴有一个摆陀，能把手腕摆动的轻微动作转换为手表的动力，因而无需人工上链。这在当时被公认为最精确可靠的手表自动上链技术。1945年劳力士推出全球首只可以自动转换日期的手表，1956年推出了具备星期显示功能的日历表，并有26国文字可供选择。

1955年劳力士发明飞行员手表，以便人们在不同时区测量精确的时间。同年，劳力士为深海潜水员研制的潜水表问世，其防水深度达到100米。

科技的创新，成为劳力士实用价值提升的关键。如上面案例所示，奢侈品品牌的实用价值由奢侈品品牌的物理元素和质量元素相结合而成，是由企业构建的品牌性能，如高端跑车的顶级性能。在任何情形下，品牌的实用价值都是品牌的实物载体，是品牌接受的基础。

二、文化联想维度是奢侈品品牌接受模型的核心

奢侈品品牌的文化联想是由质量元素与文化元素相结合形成的。质量元素，包含耐用性能、包装设计、服务体验等；文化元素，包括地缘文化、历史积淀、时尚潮流、价值观念、宗教信仰、艺术审美等。由文化元素生发的两级维度包括文化联想与品位认同。其中，奢侈品品牌的文化联想是无形

---

① 劳力士是瑞士著名的手表制造商，以庄重、实用、不显浮华的风格广受成功人士喜爱。

的，但却有丰富的内涵，对于整个品牌接受起着指导和决定作用。每个奢侈品品牌背后所传达的不同文化，即由这些不同的文化元素而引起。奢侈品品牌的文化沉淀具有世代传承性，恒定永久，是奢侈品品牌接受的灵魂，同时也是企业文化的核心价值观，企业在创造奢侈品品牌时，也为之赋予了无尽的文化联想。企业将文化赋予奢侈品品牌，并将其传递给消费者。这种文化联想突出地体现为对奢侈品品牌既是经典也是时尚的品牌感知。

（一）经典包装可以产生文化联想

包装设计不但有其广泛的商业价值，同时也有厚重的文化底蕴。它一方面表达了商品的内涵，另一方面反映了消费者的情感。包装设计不可能也不必要传达更多的东西，但关键是要能够瞬间吸引消费者并且迅速识别。包装设计更多的是通过色彩和图形、文字等视觉语言来直接反映商品的内容以及它所要表达的理念，商品的设计效果和货物的陈列方式是直接吸引与打动消费者的重要法宝。

案例：蒂芙尼（Tiffany）。

1837年蒂芙尼成立后不久，选择了独特的蓝色作为公司卓越品质和精巧工艺的标志。这款颜色被广泛运用在蒂芙尼的包装盒、产品目录、购物袋、宣传册、广告以及其他的推广资料上，形成闻名于世的蒂芙尼蓝。诚如查尔斯·路易斯·蒂芙尼[1]所预见，Tiffany Blue Box[2]终将成为其标志。早在1906年，纽约《太阳报》就报道过：查尔斯·路易斯·蒂芙尼的货品中有一样东西是只送不卖的，那就是他的盒子。该公司严格规定，除非里面装着他们所卖出的货品，否则印有Tiffany名字的盒子不能带离该公司，以表示Tiffany对其货品负责任的态度。

---

[1] 查尔斯·路易斯·蒂芙尼（Charles Lewis Tiffany）是蒂芙尼品牌的创始人，1837年这位美国康涅狄格州磨坊主的儿子在纽约百老汇开了第一家礼品店。
[2] 蒂芙尼蓝色礼盒以其独一无二的魅力令世界倾倒，它象征着蒂芙尼优雅高贵、完美无瑕的工艺传统。

Tiffany Blue Box 蕴含的是举世无双的质量和设计，也成为蒂芙尼的经典，它带给消费者的是美式风格的文化联想。

（二）地缘文化可以产生文化联想

表 5-3　地缘文化与奢侈品品牌

国家	地缘产品	奢侈品品牌
法国	红酒、洋酒	拉菲、轩尼诗、人头马、马爹利
	香料	香奈儿、迪奥
	珠宝	卡地亚、梵克雅宝
意大利	时装、皮具	普拉达、阿玛尼、范思哲、杰尼亚、古驰
瑞士	腕表	百达翡丽、江诗丹顿、积家
德国	汽车	奔驰、宝马、迈巴赫、保时捷
英国	汽车	劳斯莱斯、宾利、路虎

正如表 5-3 所示，不同的国家有不同的地缘产品，而地缘文化又酝酿出奢侈品品牌。法国的红酒闻名于世所以有了拉菲，意大利的皮具举世闻名于是有了普拉达，瑞士以精良钟表闻名世界所以产生了百达翡丽，德国的汽车像奔驰、宝马享誉全球。

地缘文化可以使消费者产生丰富的文化联想，这种文化联想即是消费者接受奢侈品品牌的过程。

（三）艺术审美可以带来文化联想

案例：劳斯莱斯（Rolls-Royce）。[①]

劳斯莱斯的标志，具有古典风格的"飞翔女神"雕像（见图 5-3）出现于 1911 年，由艺术家查理斯·萨科斯设计，其灵感来自巴黎卢浮宫艺术

---

① 劳斯莱斯是世界顶级豪华轿车厂商，1906 年成立于英国，公司创始人为 Frederick Henry Royce（亨利·莱斯）和 Charles Stewart Rolls（查理·劳斯），是顶级汽车的杰出代表，以豪华而享誉全球。

品走廊的一尊古希腊女神雕像——"胜利女神"(见图5-4)。身披轻纱的"飞翔女神"体态轻盈、风姿绰约,也被称为"狂喜之灵女神"。她的启用典礼的隆重程度不亚于第一辆劳斯莱斯轿车下线。当时的总经理约翰逊撰文称:"这是一位优雅无比的女神,她代表着人类的崇高理想和生活的欣狂之魂,她将旅途视为至高无上的享受。"一尊"飞翔女神"需要经过手工倒模压制、至少8次手工打磨和64分钟机器研磨才能诞生,事实上经过最后手工修正后的每一尊女神像都是不完全一样的,都是独一无二的艺术品。

图5-3 劳斯莱斯"飞翔女神"标志　　图5-4 法国卢浮宫"胜利女神"雕塑

借由巴黎卢浮宫艺术品走廊的古希腊女神雕像"胜利女神",劳斯莱斯的标志"飞翔女神"带给了消费者丰富的文化联想。

(四)历史积淀可以带来文化联想

案例:法拉利(Ferrari)。[①]

法拉利车上的"跃马"司标车徽源自意大利国家空军91中队的队徽。第一次世界大战爆发,恩佐的同乡也就是恩佐哥哥的战友法兰斯科·巴拉

---

① 法拉利是世界上最闻名的赛车和运动跑车的生产厂家,创建于1929年,恩佐·法拉利,意大利人,是法拉利公司创始人。法拉利超级跑车以他的名字命名。

卡，在与敌对国的激烈战斗中，击落了对方五架飞机，一举成为了战斗英雄。由于巴拉卡作战的座机机身中部涂漆有"跃马"的标志，"跃马"标志便成为了意大利这次空战胜利的图腾。后来巴拉卡因战功显赫而升任为91中队的指挥官，"跃马"便自然而然地成为了91中队的队徽。在一次战斗中，巴拉卡痛失了自己的战友——恩佐的哥哥法拉利中尉。悲痛万分的巴拉卡为了替战友报仇，奋勇作战打击敌机。但令人遗憾的是英勇作战的巴拉卡，在击落第34架敌机以后，也不幸为国捐躯。若干年以后，在一次偶然的聚会中，恩佐与巴拉卡的母亲巴拉卡伯爵夫人邂逅相识。伯爵夫人便将"跃马"图腾赠给了恩佐，作为法拉利汽车的司标车徽，镶嵌在车头上。希望"跃马"在赛道、街道上迎风而驶，以祭奠、告慰两位英年早逝的国家英雄，表达永恒的敬悼之意。当时的恩佐在哀伤中，接受了伯爵夫人这项荣耀的礼物。他在端详"跃马"队徽时，却发现这匹黑鬃的骏马后两足直立、张着嘴嘶叫，两前足悬空舞动而马尾垂地，毫无腾越的感觉。因此，恩佐聘请了一些知名的画家，对队徽进行了重新构思设计，于是就绘出了现在的"法拉利式跃马"雏形：高昂的马首微张着嘴，后足单腿立地，而马尾上扬。

关于法拉利标志的这个历史故事带给消费者勇气、无畏、忠诚的文化联想，消费者也从中感知并接受了法拉利品牌。

（五）经典时尚是奢侈品品牌文化联想的突出表现

奢侈品品牌用经典之作引领时尚，使消费者产生是经典也是时尚的品牌接受。经典是经得起岁月的考验，时尚是岁月积淀的创新，在奢侈品品牌的质量元素和文化元素中总有一些东西是永恒延续的，这些元素成为经典，并在各个时代都得到了消费者的时尚认同。

表5-4中展示的部分奢侈品品牌的经典元素都已成为该奢侈品品牌文化的一部分，并且根植于消费者的品牌印象中，可以说对于这些经典元素的接受已经成为奢侈品品牌接受维度中的重要表现。企业更加重视经典元素的设计、开发，希望借此植入消费者头脑，引发消费者的文化联想。

表 5-4　部分奢侈品品牌的经典元素

奢侈品品牌	经典元素	图示
BURBERRY	硬朗的格子：由浅骆驼色、灰色、白色和红色组成的三粗一细的交叉图纹	
Cartier	动物造型	
LV	字母组合图案：在四片花瓣外画上圆圈、内有反白星形的菱形、星形以及 LV 字样	
MONT BLANC	笔顶的六角白星标记，象征欧洲最高山峰勃朗峰（Mont Blanc）的雪岭冠冕，每支笔尖上有"4810"字样	

三、品位认同维度是奢侈品品牌接受模型的关键

奢侈品品牌的品位认同（圈层归属）是品牌的文化元素和情感元素的统一体。一种产品不管在技术上多么先进，在设计上多么完美，如果在情感上不为消费者所认可，它就没有体现出消费者的情感诉求，从而就没有市场，也就不可能有成功的品牌。消费者在使用产品时产生了美的体验，在心中将产品拟人化，把自己的生活经验和情感赋予在产品的物理属性上。情感元素与文化元素组合，带给消费者品位认同的接受维度，而这种品位

认同是消费者进行自我评价，进行圈层归属的过程。

名人元素在品牌传播中的应用使品牌从情感上拥有独特的个性、高贵的形象以及卓越的品位。我们通过名人元素的应用来解读奢侈品品牌接受的品位认同维度。

案例：爱马仕（Hermès）。①

爱马仕凯莉包世界闻名，无数消费者对于代表了高贵、魅力、皇室的凯莉包充满了幻想和好奇。凯莉包的价格和限量使它只能为极少数人所拥有，但消费者也因此将凯莉包作为上流圈层的标志。

爱马仕对于凯莉包的传播也绝非偶然，而是一个满足消费者情感诉求的经典案例。1956年的一天，奥斯卡影后、摩纳哥王妃格蕾丝·凯莉②出现在大众的面前，面对蜂拥的媒体，凯莉与以往相比，稍微有一点紧张，她拎着尺寸最大的爱马仕鳄鱼皮马鞍袋，遮挡自己隆起的小腹，因为她怀孕了。随后《LIFE》杂志封面就刊登了凯莉极具女性魅力的这一幕，引得千万人为她着迷，而她手中的包也因此引发抢购狂潮。富有商业头脑的爱马仕总裁灵机一动就将这款包更名为"凯莉包"。一个绝世佳人，一个不经意的动作成就了一代名包，而借由名人故事形成消费者品位认同也成为奢侈品品牌的塑造方法。

案例：宝玑（Breguet）。③

1798年，在埃及之战的前夕，野心勃勃的拿破仑走进了"宝玑表"作坊，这位正在冉冉升起的政治新星，迫切地希望拥有一款足以彰显其尊贵地位，同时又结实耐用、性能可靠的钟表为征战胜利保驾护航。最后，拿破仑花费七千法郎从宝玑购买了三件最具代表性的产品：一台具备报时与日期显

---

① 1837年由Thierry Hermès创立于法国巴黎，早年以制造高级马具起家，一直秉承着超凡卓越、极致绚烂的设计理念，造就优雅至极的传统典范。
② 格蕾丝·凯莉，获第27届奥斯卡最佳女主角奖，1956年息影成为摩纳哥王妃。
③ 宝玑多年来一直是瑞士钟表最重要的代名词，其新古典主义的简洁设计更予人惊喜。

示的旅行钟,一块带温度稳定系统的打簧怀表,以及一款自动上链打簧表。宝玑表的杰出性能,也确实在埃及一战中为拿破仑立下不少功劳。此后,拿破仑成为宝玑的常客。

奢侈品品牌通过与公众人物的故事,无形间让商品成为了某种特定形象或者情感的符号,也因此使得商品拥有了生命,消费者内心渴望的情结在这里得到了满足。人物形象与品牌形象的高度契合,巨大的人格魅力,再加上轰动一时的事件,使消费者产生强烈的品牌认同。

四、身份象征维度是奢侈品品牌接受模型的最终归结

当奢侈品品牌到达消费者手中时,无一例外地被消费者赋予一定的情感寄托。对于消费者而言,奢侈品品牌不仅具有品位认同,更具有象征意义。奢侈品品牌的象征意义是情感元素与文化元素相结合的产物。奢侈品品牌的象征意义具有独一无二性,是不同的个体为其赋予的品牌体验。对于奢侈品品牌接受者而言,奢侈品品牌的文化意义已脱离文化自身,成为一种能被消费者感知的尊贵象征。由于奢侈品品牌的象征意义来源于消费者的情感体验,所以其位于情感元素的对应位置。

奢侈品品牌的品牌接受中,身份象征(至尊形象)成为重要的归结点。从量化调查分析中可以看出,98位被调查者"非常同意"奢侈品品牌带给消费者的品牌感知是"身份地位的象征",79位被调查者"比较同意"这一选项。深度访谈中,一位奢侈品品牌的忠诚消费者描述了他对于象征意义的理解。

某男士,46岁,北京某家具企业老板:

"你看我今天的行头就知道我对奢侈品的态度了,我背的包是LV的,这件风衣是Burberry的,BOSS牛仔裤,鞋是PRADA经典款。从我能买得起奢侈品开始,我就再没买过其他牌子。为什么呢?穿上感觉好呗!有钱了以后,我就是要让别人看看有钱的感觉,让他们眼晕!能穿奢侈品

品牌就是有钱的象征呗!"

这个案例是典型的炫耀性消费,凡勃伦在《有闲阶级论》中提到"炫耀性消费"有这样的论述:"炫耀性消费指的是富裕的上层阶级通过对物品的超出实用和生存所必需的浪费性、奢侈性和铺张性消费,向他人炫耀和展示自己的金钱财力和社会地位,以及这种地位所带来的荣耀和名誉。"[①] 对物的炫耀性消费就是宣示对财富的占有的办法,同时也是对于地位、荣誉的符号化显示。这种炫耀性消费就是一种典型的"象征性消费",因为消费的用意主要不在于满足实用和生存的需要,也不仅仅在于享乐,而主要在于向人们炫耀自己的财力、地位和身份。

从实用价值出发,消费者对于顶级品质的实用价值认同,对于经典时尚的文化联想,对于圈层归属的品位认同,最终转化为对于奢侈品品牌至尊形象象征意义的价值认同。基于心理学家马斯洛的需求层次理论提出的消费者对奢侈品品牌接受的层级理论切合了人类深层心理(见表5-5)。

表5-5 奢侈品品牌四维透视性接受与马斯洛需求层次理论的对应关系

奢侈品品牌四维透视性接受	马斯洛需求层次理论
	自我实现的需求
身份象征(至尊形象)	尊重的需求
品位认同(圈层归属) 文化联想(经典时尚)	情感和归属的需求
实用价值(顶级品质)	安全上的需求
	生理上的需求

---

① [美]凡勃伦. 有闲阶级论[M]. 蔡受百,译. 北京:商务印书馆,1964:89.

第三节　四维透视性奢侈品品牌接受模型的案例验证

通过对影响消费者奢侈品品牌接受的诸多元素优化整理，本书构建起奢侈品品牌接受模型的四个维度，并进一步深入剖析四个维度的作用、地位、内在关系，全面论证消费者对奢侈品品牌的接受模型。为了验证四维透视性奢侈品品牌接受模型，本节选择两个极具代表性的奢侈品品牌案例，以真实品牌案例阐释模型的应用。

一、基于 LV 的模型验证

LV 是世界奢侈品品牌的代表，对 LV 进行模型分析可以多角度地检验四维透视性奢侈品品牌接受模型，同时也可以更好地理解模型（见图 5-5）。

（一）LV 品牌传播内容系统

LV 品牌传播内容系统由物理元素、质量元素、文化元素、情感元素四个品牌维度有机结合而成，而这四个元素组成一个无法割裂的整体。

物理元素。设计精巧且坚固耐用的路易威登手工箱包集中了数代 LV 传人对 Monogram 帆布材料进行的长达 50 多年开发研究的智慧与经验，掌握了如何利用具有坚固、耐磨、防水、美观等特性的材料来制作世界一流的箱包的技术，一个高级工匠一钉一锤耗费在产品上的心血，赋予了一款经典旅行箱便捷与坚固兼有的承诺。有了顶级的材料做支撑，LV 把很大的精力投入到尽可能地提升产品的审美价值和艺术价值中。每件产品的外形都尽善尽美，体现传统工艺的高贵典雅。每一件产品阐释的意义，都融合了传统和创意，燃点起无限梦想、激发无尽想象。而且 LV 集团的目

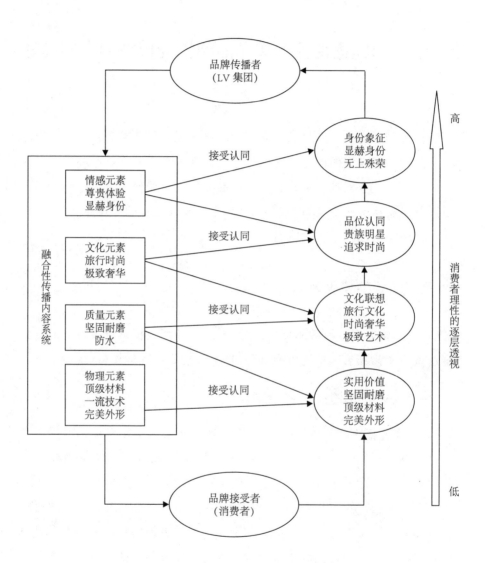

图 5-5　LV 四维透视性品牌接受模型

标是：以经得起时间考验的精湛的专业工艺让您体会"生活的艺术"。这个目标中提及的"专业工艺"和"生活的艺术"都是对物理元素的极大重视。

质量元素。坚固、耐磨、防水是LV箱包的产品特征，即便是LV的一只小小的钥匙包，也能保证在多年使用之后仅仅产生一些常规性的边缘磨损而毫不变形。有一个品牌故事可以体现出LV对于质量的极致追求：在1912年泰坦尼克号海难中，船上一件LV硬型皮箱从海底打捞上岸后，竟然没有渗进海水，从此LV名声大噪。

文化元素。在文化沉淀和引领价值方面，LV始终走在时代前沿。路易威登在19世纪中期敏锐地发现了人们对旅游的热衷，但是，当时的旅行箱源于牢固但笨重的马具，缺少便捷而又轻巧的用于旅途的箱子，于是，他及时在其产品中推出了一个旅行箱系列，从此，一个关于旅行的概念被诠释成时尚。到今天，LV在全球范围内成为时尚、极致、奢华的代名词。

情感元素。LV是销售故事情境的高手，非常注重消费者的情感诉求，塑造品牌个性和品牌形象，不断打造一个由贵族名流、影星名模演出的品位舞台，用以彰显品牌地位，提升消费者的个人魅力，使得购买者产生尊贵的个人价值体验。LV不断变幻的各式各样的时尚秀，也引发了一波又一波的抢购潮。

这四种元素交互作用，体现了LV的实用价值、情感诉求、文化沉淀和象征意义。每一款包都以手工缝制，生产的速度有限，因此LV会限制顾客购买产品的数量。每一款包，每个客人只能买一个，以避免同一款包被同一个人购买一空。同时，LV会常常推出限量版、经典款的高贵名包，使得消费者认为自己购买的LV包在社会中是"独一无二"的精品，能拥有限量版的LV包象征着至高无上的殊荣和显赫的社会身份。

（二）LV品牌四维透视性接受

消费者在接受LV品牌传播的四个维度的内容之后，其对LV品牌的情感经历了四维逐层的透视性接受过程。

品牌传播内容的物理元素与质量元素带给消费者LV的实用价值体验，

主要包括了产品的耐用、产品材料的顶级、产品外形的完美等。这些是LV所带给消费者的核心利益。

品牌传播内容的质量元素与文化元素构成了消费者对LV的文化联想，主要包括LV的旅行文化、LV的艺术文化与奢华时尚文化等。

品牌传播内容的文化元素与情感元素的结合促成了消费者对品牌的品位认同，消费者愿意接受LV为其所带来的圈层归属（明星贵族的圈层），同时LV消费者也是追求时尚与潮流的群体象征。

最后，在物理元素、质量元素与文化元素的基础之上，加之情感元素的叠加影响，形成了LV消费者的显赫身份与无上殊荣的身份象征。

在深度访谈过程中有两位访谈对象有如下叙述：

严女士，40岁，美籍华人，现居住北京，家境富裕的全职主妇：

"刚才您问到我最近购买的奢侈品，就拿上周买的LV Suhali羊皮包来说吧，一般包包多数是真牛皮，我也有几个牛皮的，但LV Suhali羊皮包其材质是严格挑选的山羊皮，天然纹理分外精致，你知道，山羊皮更稀有和珍贵。我打算下周就拿着这款包包和丈夫去南方度周末，也当是旅行包吧。LV想必大家都是清楚的，在我的概念里就是包的代名词，我基本上认可的是LV的品牌吧。"

潘小姐，30岁，单身，北京某上市公司高级经理人：

"你刚才问到我经常用的东西有没有奢侈品，当然有了，桌子上的LV包包就是吧。我选择LV主要是看重它每款包包的设计，我专门研究过哦，你在网上查，LV的十大经典款包包，我基本上收集齐了呢。怎么说呢，我日常工作及生活中都会用到，LV代表奢侈时尚文化，它也是生活、工作的必需品。"

从以上深度访谈中不难看出，访谈对象对LV品牌经历了四维透视性接受：严女士看重LV山羊皮，潘小姐看重LV的设计是物理及质量等实用价值体现；严女士用于旅行，潘小姐认为LV奢华时尚则是文化价值体现；严女士认为 LV 是包的代名词，潘小姐认为 LV 是工作生活必需的是情感价值体现。如上不难看出，严女士和潘小姐对于 LV 品牌接受过程是四维透视性接受。

二、基于宾利的模型验证

对宾利的分析开始于武汉的一位被访者。

某男士，40岁，武汉某商业地产开发商：
"买这辆 400 多万的宾利慕尚就是为了接待。你看这车多么优雅、高贵，车里面的内饰是环形设计，非常高档。我喜欢它，因为它不但外观高贵，而且性能像跑车。这辆慕尚据说英国皇室也有一辆，我们做商业地产最重要的就是气场，不管谁来，拿这辆车一接，对方的气势马上就下去了。"

这位被访者不自觉地运用了四维元素对宾利进行了评价（见图 5-6）。

（一）宾利品牌传播内容系统

宾利品牌传播内容系统同样是由物理元素、质量元素、文化元素、情感元素四个品牌维度有机结合而成，四个元素相辅相成，缺一不可。

物理元素。宾利慕尚散发出优雅、自信、奢华的气息，同时又体现了宾利的赛车传统。沿袭了 1950 年宾利 S 型的设计特点，慕尚采用强劲而独特的前脸设计，同时保留格栅圆顶和圆形车灯这两大宾利的标志性设计。长长的引擎盖加上短前悬和长后悬，后腰线上抬的肌肉感设计与清晰的线条，从前向后优雅延伸，设计独特的 20 英寸轮毂等外观设计都彰显了浓郁的英伦古典韵味。车厢内部精致而奢华，不间断的"环徊木饰"设计，使用整块高品质木材嵌入车厢内壁并环绕一周，彰显了车厢卓尔不群的优雅气质。丰富多彩的照明工具配合不同的座椅与装饰，让车主拥有极具个人风格的私人空间。

质量元素。宾利慕尚采用了重新设计的 6.8 升 V8 发动机，拥有 512

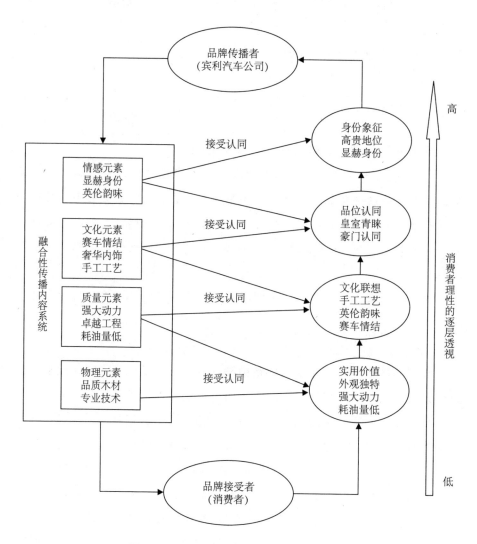

图 5-6 宾利四维透视性品牌接受模型

匹的强大动力，和高达1020N·m的输出扭矩，成为多年来宾利汽车的卓越工程和专业技术的巅峰之作。最新的V8发动机除了搭配全新的8速自动变速箱以外，还引进两大相辅相成的新控制技术：凸轮定相技术能够保证发动机即使在转速较低的状态下也能产生巨大的扭矩输出；而首次被引入超豪华车领域的汽缸钝化技术则能够在某些驾驶模式时自动关闭V8发动机八个汽缸中的四个，借助中断燃料供应使耗油量降低15%，同时减少二氧化碳排放量。

文化元素。华特·欧文·宾利先生[①]的赛车情结缔造了宾利品牌。极尽奢华的内饰和精良的手工制造工艺，确立了宾利与劳斯莱斯同样的超豪华皇家风范，但是宾利更注重车的运动性，宾利车强健的体魄和矫健的身法足以证明这一点。宾利被誉为世界车坛的"皇家运动员"。

情感元素。宾利一直受到皇室和豪门的青睐，比如希腊船王奥纳西斯、意大利最大的阿涅利家族、石油大亨洛克菲勒等，他们都在宾利的客户名单上。当劳斯莱斯充当世界极品房车的角色时，世界最豪华轿跑车角色落到了宾利的身上。

（二）宾利品牌四维透视性接受

消费者接受宾利品牌传播的四个维度的内容之后，其对宾利品牌的情感也有一个四维逐层的透视性接受过程。

品牌传播内容的物理元素与质量元素带给消费者宾利的实用价值体验，其中实用价值主要包括了宾利汽车的独特动感的外观、强大的动力与较低的耗油量，这些特征都给予消费者非一般的驾车与乘车享受，大大增加其实用价值。品牌传播内容的质量元素与文化元素构成了消费者对于宾利的文化联想，主要包括宾利汽车的手工工艺文化、宾利汽车英国古典车型车貌以及宾利创始者华特·欧文·宾利的赛车情结文化，这些都让宾利消费者产生了极大的文化归属感。品牌传播内容的文化元素与情感元素的

[①] 华特·欧文·宾利（Walter Owen Bentley）是著名的宾利牌汽车的创始人。

结合促成了消费者对于宾利品牌的品位认同。宾利一直受到皇室的青睐，是豪门的宠儿，这自然吸引了一大批对这个圈层有认同与归属感的高端消费者。最后，在物理元素、质量元素与文化元素的影响下，加之消费者情感元素的影响，形成了宾利消费者身份的象征，拥有宾利车就是拥有高贵的地位与显赫的身份。

在深度访谈过程中，一位访谈对象对宾利品牌有如下叙述：

周先生，21岁，北京某高校学生，在山西有家族产业继承：
"因为我特别喜欢和朋友谈车，所以我再和你谈谈我父亲的座驾宾利吧。因为父亲那一代人年轻时很苦，他自己都说买宾利看重的有其耗油量低的特点，这反映出父辈的节俭品格吧。父亲说小时候在漫画书上看过的一辆英国古典车令他印象深刻，这也促使父亲选择宾利品牌。父亲也说宾利是高端豪车，乘坐它谈生意也大气上档次，更能显示出身份。"

从以上访谈对象关于父亲消费宾利品牌的故事不难看出，其对宾利品牌经历了四维透视性接受：父亲看重宾利耗油低是其实用价值体现；怀念英国古典车是文化价值和情感价值体现；乘坐宾利大气上档次在一定程度上是身份象征体现。如上不难看出，周先生父亲对宾利品牌接受过程是四维透视性接受。

通过分析思维透视模型在 LV 与宾利两大奢侈品品牌上的应用，我们可以全方位地解读四维元素的奢侈品品牌接受模型：奢侈品品牌的物理元素与质量元素相结合，形成奢侈品品牌的实用价值（顶级品质）接受；质量元素与文化元素相统一，构成奢侈品品牌的文化联想（经典时尚）接受；文化元素与情感元素相结合，组成奢侈品品牌的品位认同（圈层归属）接受；最后由情感元素形成奢侈品品牌的身份象征（至尊形象）接受。

第四节　四维透视性奢侈品品牌接受模型的应用

　　前文提出的四维透视性奢侈品品牌接受模型，在一定程度上，是从理性层面对消费者选择奢侈品品牌的过程审视，认为消费者是从实用价值、文化联想、品位认同及身份象征四个层面接受奢侈品品牌。在实际应用中，奢侈品品牌消费引发的"消费主义"作为一种生活方式，提倡在消费面前人人平等，它以一种面向所有社会公众的普遍消费观将个人的发展、自我价值的实现、追逐梦想、热爱创新、个性自由等价值观念合理化为个人生活的自由选择。在此基础上，它极大地促进了人们的需求，使人们在生活中极力追求较高的物质消费，使"消费并快乐着""跟着感觉走""喜欢就买"的意识成为人们的日常生活观念。

　　与此同时，四维透视性奢侈品品牌接受也指出，奢侈品品牌消费作为一种文化，在迅速向世界各地蔓延的过程中，其奢侈消费观带来的社会问题、个人精神危机及基本价值观的偏移也正日益显现。著名的生态学家欧登指出，当前人类社会的消费犹如久贮的干草被点燃了一样惊人，又像传染病一样可怕。[①] 如何在消费者奢侈品品牌接受的理性解析归纳的基础上，提出超越消费主义构建中国特色的奢侈品品牌文化的发展方向有重要意义，从某种程度上讲，四维透视性奢侈品品牌接受模型的提出也为我国奢侈品品牌产业发展提供了理性的参照。

---

① 欧登. 能量、环境与经济：系统分析引导 [M]. 北京：东方出版社，1992:211.

一、理性消费主义视域下的四维透视性奢侈品品牌接受模型

奢侈品品牌引发的消费主义不仅仅是一种经济现象，还是一种文化现象。消费主义刺激的是人们对商品的符号价值的一种无节制的欲望。这种商品的符号价值代表了商品消费的文化意义。英国学者费瑟斯通强调"就经济的文化维度而言，符号化过程与物质产品的使用，体现的不仅是实用价值，而且还扮演着'沟通者'的角色"。① 可见，消费主义影响下的商品的符号价值的消费，体现的既是人们消费商品的经济过程，同时也是一种社会交流的过程。

（一）奢侈品品牌符号化消费对于经济增长方式的贡献

四维透视性奢侈品品牌接受本质上是符号化消费，是拉动经济增长不可忽视的重要力量。奢侈品消费对于经济增长的拉动作用主要体现在奢侈品更新周期短、需求潜力大、能够催生新服务等方面。

第一，奢侈品更新周期短且对市场的刺激效果显著。

四维透视性奢侈品品牌接受模型表明，奢侈品除了具有商品本身固有的功能以外，还具有一种炫耀性功能，即显示消费者身份和地位的功能，所以，奢侈品应当是引领时尚的前卫商品。这一特点决定了奢侈品必须不断地推陈出新，从而具有较短的更新周期。

以服装为例，随着社会的发展，服装的功能角色已经发生了很大的变化。如今的都市人追求时尚，展现自我，服装的发展渐渐淡化了它最基本和最原始的功能，其装饰和炫耀功能似乎已成为服装的灵魂。例如高档的时装，面料考究，做工精细，价格昂贵，其作为普通服装的基本功能在很长时间内都不会失去，但作为高档时装的炫耀性功能不久就会减弱。奢侈品的消费者更看重其装饰和炫耀功能，因而会随着流行趋势的变化而及时

---

① ［英］迈克·费瑟斯通. 消费文化与后现代主义[M].刘精明，译. 南京：译林出版社，2000：123.

更新。奢侈品品牌厂家总是紧追流行趋势，不断推出个性化的款式，开发风格迥异的服装，满足消费者求新、求异、求个性的需求。一面是厂家层出不穷的新款推出，一面是消费者为追求时尚而不断膨胀的时装需求，这造就了服装市场供销两旺的局面，从而极大地刺激了市场需求。

除时装外，其他奢侈品消费也具有类似的特征，对市场有显著的刺激效果。在北京、上海举办的顶级私人物品展，集中展示了顶级名车、游艇、私人飞机、珠宝名表、名酒以及各类豪宅别墅、高尔夫俱乐部、私人会所等。2013年12月12日，北京顶级私人物品展3天接待超过7000位消费者，成交量达2亿元人民币。①

第二，奢侈品需求潜力大且能充分吸纳购买力。

奢侈品的需求收入弹性大于1。这就是说，随着收入的增长，需求的增长就会更快。奢侈品不像需求收入弹性比较小的必需品那样，受所谓消费饱和的约束，即使收入水平提高，人们也不可能较大地增加消费。例如，对于食盐这种商品，即使人们收入提高了，也不会因此而增加消费。奢侈品消费就不同了，以旅游为例，当收入水平较低时，人们还不敢奢望旅游，一旦收入水平提高，人们就会增加这种消费，随着收入的增加，人们可以从普通旅游变为豪华旅游，从国内旅游转向国外旅游，国外甚至已经开发了太空旅游项目，所消费的资金可想而知。可见，奢侈品消费的需求潜力是很大的，能够充分吸纳新增的购买力。

根据国家统计局发布的《2013年中国全面建设小康社会进程统计监测报告》，我国2013年的基尼系数达到0.473，已进入联合国规定的收入差距过大的范围，为数不多的高收入者拥有大部分的居民储蓄。根据边际消费倾向递减规律，收入越高其边际消费倾向越小，因此，高收入者的收入只有很少一部分用于消费，大部分收入沉淀下来，这对经济发展是不利的。为了解决这一问题，需要开发质量好、价值高、品牌响、炫耀功能强

---

① 世界奢侈品协会官网资料：世界奢侈品协会（World Luxury Association，简称 WLA）是国际非营利性经济组织。

的奢侈品,以刺激高收入者的消费欲望,吸纳他们充裕的购买力。将沉淀的资金通过消费引入市场,转化为生产资金。

汽车领域的世界十大奢侈品品牌:法拉利、福特、大众、宝马、莲花、宾利、凯迪拉克、菲亚特、奥迪、劳斯莱斯,大部分已进入我国的高端汽车市场,正在充分吸纳富豪们的购买力。中国每年的奢侈品销售额达100多亿美元,中国已经成为世界奢侈品消费第一大国。"世界顶级生活体验中国峰会""上海国际品味生活展"纷纷亮相中国,世界顶级品牌纷纷在中国选址开店。世界奢侈品协会中国代表处首席代表欧阳坤指出:"2013年6月至今,欧洲奢侈品市场消费总额的65%属于中国人。"① 中国奢侈品消费总额排在全球首位,连续三年成为世界第一大奢侈品消费国。在这种形势下,应当致力于打造本土的奢侈品品牌,比如被国内外同行誉为"中国第一裁缝"的永正裁缝②、高档的红木家具、在中国历史上与皇家相关的贡品如南京云锦等,都蕴藏着丰富的奢侈品品牌的生长基因,很有可能成为我国未来奢侈品品牌的符号,使我国的奢侈品市场被本土奢侈品占有,提高奢侈品消费对我国经济增长的贡献率。

第三,奢侈品消费催生新服务项目并引发新的经济增长点。

四维透视性奢侈品品牌接受模型指出消费首先催生的是商业广告。在许多情况下,奢侈品消费具有炫耀性动机,是一种"显眼的消费""装门面的消费""摆阔气的消费",显富、炫富比使用商品更重要,因而要求商品或服务除了具有较高的质量以外,还必须具有较高的知名度,要广为人知,甚至人所共知。这就要借助商业广告的力量来增加产品的附加值。

通过在重要媒体的黄金时段反复地广告宣传,将"某商品是名贵商品"的概念植入消费者的意识中,使社会公众形成共识,公认某商品是名牌商品,从而使该种商品具有了显富、炫富功能。这种运作模式催生并极大地刺激了商业广告的发展,为广告商提供了大量的业务,也使自己的产品具

---

① 白雪. 中国年轻人为何满世界追逐奢侈品 [N]. 中国青年报, 2014-3-7.
② 北京永正裁缝店成立于20世纪80年代,历经40多年的创新,发展为国际一流的工业化经营模式。

有了更高的附加值，同时也为有此需求的消费者造就了可用以显示身份和地位的名牌商品，从刺激经济发展的角度来看，这不失为一种积极有作为的措施。许多名酒、名车、名牌服装等名牌产品都离不开商业广告的宣传。如果没有奢侈品消费对名牌效应的追求，也就失去了催生商业广告的土壤。

经济和社会的发展是为了最大限度地满足人民群众不断增长的物质和文化的需要，这种需要反过来又促进了经济和社会的发展。从这个意义上说，人的需要是推动经济增长的不竭动力。这种需要最初总是表现为对奢侈品的追求，随着经济的发展，奢侈品变成了必需品，又会产生新的奢侈品需要，再度推动经济的发展，经济和社会就是在这一过程中不断进步的。此外，奢侈品消费还极大地带动了服装、住房、汽车、家装、保健、旅游、信息等行业的发展，引发了许多新的经济增长点。

（二）四维透视性奢侈品品牌接受提升人们的生活价值感

四维透视性奢侈品品牌接受模型中的炫耀性消费在某种程度上反映了人们追求更高的生活水平的生理本能和心理本能，有其内在的合理性。同时，富人的炫耀性消费可以扩大国内需求，一定程度上改善财富分配不平衡状况。所以，当代社会需要构建一种合乎科学发展的"适度性"消费伦理，对消费主义进行理性规范与约束，从而实现消费的和谐发展和社会的文明进步。我们看到，在我国，奢侈品消费不但没有得到遏制，反而形成快速增长的奢侈品消费市场，甚至表现出"奢侈品平民化"的趋势。可以预见，奢侈品消费在新兴市场继续的发展之势主要表现在以下两个方面。

第一，现在的奢侈品将变成未来的生活必需品。

四维透视性奢侈品品牌接受模型中的实用价值是奢侈品品牌消费的基础。随着商品经济的发展，家庭财富的积累和人们对高品质生活的追求，未来人们对奢侈品品牌的接受心理将越来越普遍。人们不但更加认可和接受奢侈品品牌，而且随着个人可支配收入的增加，人们会消费更多的奢侈品、优质品和高档商品。所以，现在的大众商品有的将逐渐被淘汰，现在的奢侈品有的将变成未来的必需品，而未来将发展出更高级、更环保、更优质、更昂贵的奢侈品。这是社会进步的必然结果。几个世纪以前，铝制容器是皇家贵族专享的奢侈品，随着冶炼技术的进步和发展，铝制容器早已进入了千家万户。这样的例子不胜枚举。

第二，体验式消费和享受性消费将成为主流。

四维透视性奢侈品品牌接受模型中的品位认同指出消费者偏爱体验消费，追求能够放松压力的奢华假期或者服务（如送货上门的宅配服务），属于体验驱动型消费。他们对奢侈品的消费无须向人炫耀或者凸显自己的身份地位，而是一种再自然不过的消费行为。人们对奢侈品的消费也可能出于自身的需要，出于对精致生活的追求。人的动物本性就表现在人们都喜欢更美味健康的食品、更舒适优雅的服装、更安全快捷的交通方式、更舒心宽敞的居住环境。

未来体验式消费将和享受性消费成为奢侈品消费的主流，人们消费奢侈品是为了满足自身的生理和心理的合理需求。综上，新兴市场的奢侈品消费将继续蓬勃发展，并且向着"奢侈品平民化"的趋势发展。现在的奢侈品将变成未来的生活必需品，未来将开发生产出更多更好的奢侈品，而人们消费奢侈品的动机也不再是为了面子或炫耀，追求高品质生活的人们将更加倾向于体验式消费和享受性消费。

二、四维透视性奢侈品品牌接受模型助力中国本土奢侈品品牌发展

（一）四维透视性消费理念指导中国本土奢侈品品牌的构建

不可否认，奢侈品往往是与四维透视性消费观念中的成功的品牌、过硬的质量、优秀的设计理念以及历史积淀、文化传承联系在一起的，昂贵的价格是奢侈品最后的表现元素。也就是说，奢侈品不一定是最贵的，贵的东西也不一定就是奢侈品。四维透视性奢侈品品牌接受模型也指出，奢侈品消费实际上就是一种生活方式。

因此，基于四维透视性奢侈品品牌接受模型中的文化联想接受企业可

以构建定位于中国传统文化的奢侈品品牌,并采取先在国外发展壮大品牌的发展策略。中国构建本土奢侈品品牌应以中国的文化为立足点,从中国的民族文化中去寻找相关的品牌识别点。民族的就是世界的,中国具有源远流长的多民族文化历史传统和千差万别的区域特色,中国悠久的历史文化中的奢侈品文化也博大精深。中国现已成为世界瞩目的焦点,凭借世界上其他国家对中国经济发展成就的赞许和对华夏文明的遐思,构建中国的奢侈品品牌一定要以中国的文化为识别点,在此基础上结合一些时代的元素。在品牌发展方向上可以遵循先国外、再国内的发展思路。

令人欣慰的是,最近几年,上下 [法国爱马仕(Hermès)集团与中国设计师蒋琼耳女士于2008年在中国携手创立的新品牌,致力于传承中国及亚洲其他国家精湛的手工艺,通过创新,使其重返至当代生活]、法蓝瓷(由陈立恒先生所创,是很多时尚人士的瓷器珍藏首选。法蓝瓷自品牌创立以来,连年获得各大奖项,曾先后获得景德镇陶瓷博览会金奖,联合国教科文组织世界杰出手工艺品徽章,吸引无数政商名流人士的青睐)、昭仪珠宝(昭仪翠屋,是中国顶级翡翠珠宝品牌,隶属于昭仪新天地股份有限公司。昭仪珠宝是集翡翠原材料采购、设计、加工、镶嵌、零售、高级定制及品牌建设于一体的专业集团,全方位成功建立起中国高端翡翠的奢华形象。昭仪翠屋秉承至臻、创新、传承、典藏的品牌个性,成功引领无色玻璃种翡翠潮流,完美承载东方千年金玉文化)、上海滩(上海滩是中国的第一个奢侈品品牌,设计理念是复兴中式传统并融合时代流行)等一些中国奢侈品品牌,开始在国际上崭露头角。上下等品牌全部由中国本土设计师设计,而且都打着"中国制造"的标签。如上海滩是香港设计师的作品,目前在纽约、东京、巴黎、马德里、伦敦等开设了39家店铺,政界人物希拉里、撒切尔,影视明星安吉丽娜·朱莉、尼古拉斯·凯奇都曾穿过上海滩的中式服装。相对于国际奢侈品大牌,上海滩的价格也毫不逊色,传统的修身旗袍镶上部分皮草,价格近一万元,大部分普通旗袍价格在7 000元左右。再如,法蓝瓷是中国目前在世界上叫得响的瓷器品牌,在全球数十个国家和地区销售,哈佛管理学院已经将法蓝瓷作为中国奢侈品品牌商业案例编入教材。

中国本土奢侈品品牌形象构建可能是今后奢侈品品牌在中国发展的重要策略之一。奢侈品品牌在上百年的磨炼中对完美品质不懈地追求，对技术不断地探索并超越，从而形成深厚的历史文化的积淀，因此，构建本土奢侈品品牌是相当困难的，我们要有充分的心理准备，以足够的耐心投入到中国本土奢侈品品牌的建设中去。在品牌形象设计方面先从有形产品入手，提高产品品质，再通过给国外奢侈品品牌代工生产，不断积累产品生产技术方面的经验。在此基础上通过大力打造品牌符号文化，为发展中国本土品牌打下根基。

四维透视性奢侈品品牌接受模型指出文化和品牌有着密切的关系，有人说品牌的背后就是文化，对于奢侈品品牌而言，文化显得更为重要。我们发现国外奢侈品品牌最善于通过讲述品牌故事，将一种品牌和消费者关联的信念传播到目标客户中去，形成品牌和特定客户的共鸣，久而久之，品牌的文化内涵就越来越明显。消费者对这种文化了解得越多，对品牌的好感也就越强烈。中国企业应该学习国外奢侈品品牌这种靠叙事打造品牌的经验。

四维透视性奢侈品品牌接受模型身份象征接受指出，打造知名品牌需要消费者建立品牌意识和增强品牌认知度。目前奢侈品品牌在中国市场的拓展更多的应是为了在新一代的中国消费者中建立自己的品牌形象，而不是为了单纯地追求利润。中国奢侈品品牌经销商应立足长远，以倡导积极消费为导向，将构建奢侈品品牌形象与国家形象的理念统一起来，使卓尔不群的奢侈品品牌和泱泱大国的魅力风采相得益彰。

总之，四维透视性奢侈品品牌接受模型对中国本土奢侈品品牌打造有如下启示：

第一，企业和市场营销人员应利用奢侈品品牌接受模型，制定合理的品牌传播内容和传播方式。

第二，消费者对奢侈品品牌接受呈现出透视性和递进性，企业和市场营销人员也应按照递进顺序打造奢侈品品牌的各种元素和接受维度。

第三，企业应关注和追求建立在消费者接受的奢侈品品牌购买价值基础上的品牌忠诚行为。培养忠诚顾客的过程中，要针对顾客的不同特点来分配营销资源。

第四，在奢侈品品牌传播中应注重强调物理元素、质量元素、文化元素、情感元素等信息性影响和价值表达性影响来激发消费者形成购买价值，以提升长期绩效。

三、四维透视性奢侈品品牌接受模型构建中国特色奢侈品品牌文化

中国经济的持续健康发展，使得全球的奢侈品品牌纷纷涌进我国市场，并且不断发展壮大，从而在市场竞争中占据优势地位。因此，构建我国本土的奢侈品品牌文化显得尤为重要。构建本土奢侈品品牌应以中国的文化为立足点，从中国的民族文化中去寻找相关的品牌识别点。

从上文四维透视性奢侈品品牌接受模型的研究中，可以得出奢侈品的品牌资产主要来自它的社会功能层面，而不是基本功能。对其产生直接影响的是品牌本身能体现消费者四个维度的元素——实用价值、文化联想、品位认同和身份象征，这是消费者购买奢侈品品牌的主要驱动元素，是其"奢侈"意义的主要来源。这种利益并不见得得到社会的认可，但是消费者认为该品牌设计正好可以展现自己的个性，因而愿意花费更高的价格购买。因此，中国构建奢侈品品牌文化的过程也应该从这四种基本元素入手，构建起中国特色的奢侈品品牌文化。

（一）重视奢侈品品牌实用价值，增强国家制造力

奢侈品之所以能让消费者，特别是入门级的消费者如痴如醉地迷恋，很大一部分原因是其卓尔不群的产品设计吸引了这些消费者的感官。奢侈品品牌制造商总是在产品设计上不遗余力，尤其是对于其旗下的顶级产品，更是极尽奢华之能事。所以说，奢侈品品牌的产品设计反映了国家的科技水平和制造技术水平。特别是机械类奢侈品品牌，如钟表、汽车、游艇等，

在产品设计上突出崇尚技术重点。这种产品的主要特点是追求技术上的精益求精，以一丝不苟的态度，采用最先进的技术手段，在产品的材质和体量允许的前提下，凸显性能指标等。对于那些对高端科技极度崇拜和重视产品性能的消费者，炫耀产品使用功能和技术指标的技术主义风格无疑是他们的最爱。

从国际消费形态上来看，奢侈品品牌的消费程度与经济发达程度成正比，奢侈品品牌的畅销是国家经济发达的表现。一般而言，奢侈品指的是顶级的服装、珠宝首饰、高档手表、高档皮具、香水、汽车等。如今中国奢侈品消费已基本涵盖了包括豪华汽车、豪宅、名画等衣食住行在内的各个领域。作为全球 A 级车展之一的北京车展成为了豪华汽车的展示平台。身价超过 2500 万元的天价跑车——布加迪威龙亮相中国大陆，紧跟其后的不乏迈巴赫、劳斯莱斯、宾利、世爵等世界顶尖级豪华车。与以前只有少数几家国际汽车厂将北京车展作为全球最高规格的车展相比，几乎全球所有汽车跨国公司都视北京车展为全球顶级车展。

奢侈品消费在拉动消费、扩大内需、带动产业结构升级和提升国家科技水平方面具有重大意义。

（二）打造奢侈品品牌文化联想，提升国家软实力

所谓软权力，指国际关系中，一个国家所具有的除经济、军事以外的第三方面的实力，主要是文化、价值观、意识形态、民意等方面的影响力。"软实力"（soft power）的概念是由美国哈佛大学教授约瑟夫·奈提出来的。根据约瑟夫·奈的说法，硬实力是一国利用其军事力量和经济实力强迫或收买其他国家的能力，软实力则是"一国通过吸引和说服别国服从你的目标从而使你得到自己想要的东西的能力"。约瑟夫·奈教授认为一个国家的软实力主要存在于三种资源中："文化（在能对他国产生吸引力的地方起作用）、政治价值观（当这个国家在国内外努力实践这些价值观时）及外交政策（当政策需被认为合法且具有道德威信时）。"纵观世界知名的品牌，往往都是以先进的科技实力作为支撑，并不断推出技术领先的

产品，从而获得持久的品牌生命力。在国家品牌的建设过程中，必须依靠自主创新，不断推动创新产品的出现，才能真正实现基于自主创新能力的品牌建设，这样的国家品牌在国际市场中才更有竞争力。

不同国家相互竞争的历史大幕，使大国崛起的道路有了全球坐标；不同企业相互竞争的市场扩张，使大牌崛起的征途有了国际坐标。世界是平的，中国的市场是巨大的，中国品牌的机会不在别处，就在家门口。NE·TIGER创始人张志峰指出："中国是奢侈品的发祥地，几千年来一直在向世界输出顶级精品。我们做顶级品牌也是要做到'三个代表'——代表中国文明的辉煌，代表中国品牌的荣光，代表中国时尚的成就。"①

没有强大的国家品牌作为依托，不可能诞生具有全球竞争力的奢侈品品牌。没有优秀的企业品牌作为支撑，国家品牌就无法让全世界产生直观的认同。如何打造中国的国家品牌，体现中国品牌文化的独特魅力，已成为当前我国企业界、学术界和政府部门共同关注的课题。

打造奢侈品品牌文化联想。在未来的世界奢侈品舞台上，中国制造与中国创造的具有深厚文化意蕴和良好品质的奢侈品品牌将为中国形象添上浓墨重彩的一笔，必将有力提升中国软实力。

（三）倡导中国奢侈品品牌品位认同，彰显民族特色文化

古老而悠久的历史和源远流长的文化底蕴是奢侈品品牌的魅力根源。四维透视性奢侈品品牌接受模型也指出，奢侈品品牌的内涵更多的是在强调一种文化现象，在倡导一种高品位的生活格调。奢侈品品牌的成长需要时间的慢慢积累和文化的沉淀培养，同时还需要品牌文化的熏陶。首先，奢侈品品牌扎根于深厚的历史文化传统，在其发展过程中伴随着丰富多彩的产品传奇故事。其次，奢侈品品牌将地域文化和企业精华凝结其中，让产品与文化相得益彰。地域文化和历史赋予了奢侈品品牌丰富的内涵，使其带有强烈的地域文化属性。第三，奢侈品品牌以美学文化为品牌文化核

---

① 张志峰. 大国崛起 大牌崛起 [J]. 新华航空，2007（8）.

心，往往成为衡量艺术水平的标尺，代表了一个时代的人们对审美及品位最高境界的追求。中国具有源远流长的多民族文化历史传统和多彩纷呈的区域特色，中国悠久的历史文化中的奢侈文化也博大精深，中国现已成为世界瞩目的焦点，凭借世界上其他国家对中国经济发展成就的赞许和对华夏文明的遐思，构建中国的奢侈品品牌一定要以中国的文化为识别点，在此基础上结合一些时代的元素。

因此，倡导中国奢侈品品牌的品位认同应立足长远，以倡导积极消费为导向，将构建奢侈品品位认同与国家形象的理念统一起来，使卓尔不群的奢侈品品牌和泱泱大国的魅力风采相得益彰。做奢侈品品牌的核心就是在做一个国家、一个区域、一个企业的文化，只有以文化作为根基和背景的品牌，才能经得住考验，才有成为奢侈品品牌的潜质。

第六章
中国品牌强国、品质革命的实践

第一节　品牌强国、品质革命坐标：品牌接受四维度

一、中国制造向何处去

改革开放以来，中国的经济建设取得了举世瞩目的成就。我国制造业持续快速发展，总体规模大幅提升，综合实力不断增强，不仅对国内经济和社会发展作出了重要贡献，而且成为支撑世界经济的重要力量。2013年，我国制造业产出占世界比重达20.8%，连续4年保持世界第一大国地位。在500余种主要工业产品中，我国有220多种产量位居世界第一。这两组数据毫无疑问地证明了我国"制造大国"的地位。这种总量优势形成的大国地位某种程度上让我们有了自信心。

一个国家的发展是以制造业为基石的，不管是衣食住行这些我们日常生活离不开的消费品，还是化工、医药、国防等工业品，都需要制造业进行生产。制造业直接体现了一个国家的生产力水平,是区分发展中国家和发达国家的重要因素。即便处在互联网时代,我们所赖以生存的仍然是实体经济。中国制造要突破和发展,那我们就必须认清中国制造现在所在何处,才能明白它要往何处去。

"贴牌生产"(OEM),是指品牌拥有者除利用自己所掌握的"关键核心技术"负责设计和开发新产品、控制销售渠道以外,并不直接从事产品的生产创造,而是将产品具体的生产制造流程交由别的企业来完成的一种生产方式。在中国,OEM制造方式最早起源于20世纪80年代初期的服装行业,经过多年的发展,目前,该方式已涉足我国纺织、玩具、日化、家电、IT等劳动密集型产业或高新技术产业的劳动密集型环节。[①]

在本书的第一章中,我们分析了中国市场消费需求的时代性跃升,消费者对高品质消费品的强烈需求迫使中国制造在生产方面进行"供给侧结构性改革"。当前,中国制造的升级目标是要从"制造大国"变成"制造强国",这也是国家发展的一大战略。

"中国制造"要走向"精品制造",必须开展一场"品质革命",企业要有以质量为先、信誉至上的经营理念和自觉意识,增品种、提品质、创品牌,促进大众消费品创新和有效供给,赢得全球市场。

二、品牌强国、品质革命四维坐标

"中国制造"要华丽转身成"精品制造",这个转身的路径是我们这一节要讨论的问题。本书通过对奢侈品品牌与消费接受的调查研究分析,总结出奢侈品品牌接受的四维模型。奢侈品品牌接受过程由低到高呈现四维透视性,从实用价值(顶级品质)接受到文化联想(经典时尚)接受,到品位认同(圈层归属)接受,再到身份象征(至尊形象)接受。随着国内消费者对

---

① 朱钟棣,罗海梅,李小平等. 中国OEM厂商的升级之路[J]. 南开学报(哲学社会科学版),2006(5):125-133.

产品品质要求的不断提高,中国品牌要想赢得本土消费者的信任,必须给消费者带来层层递进的完美感受,最终让消费者达到顶峰体验。因此,这个四维模型不仅适用于奢侈品品牌,也同样适用于追求"精品制造"的中国国产品牌,为未来中国制造进行品牌强国、品质革命提供了一个四维坐标。

(一)实用价值

实用价值是品牌接受的基础。尽管鲍德里亚早就提醒我们,现在进入了一个"符号消费"的时代,我们购买消费品看重的是它的符号价值。但不可忽视的一点是"符号消费"也是建立在优良的实用价值之上的。我们消费任何商品首先是为了获取它的实用价值,在满足实用价值的基础之上才会考虑它的符号价值,符号价值中往往隐含着对可靠品质的承诺,才会成为我们消费的首选。

离开了值得信赖的实用价值,品牌就如空中楼阁,毫无根基。以与我们的生存关系最紧密的食品行业为例来阐释这一观点。在选择食品或者外出就餐时,我们首先考虑的是食品要卫生安全,质量有保障。即使是知名度再高的食品品牌,也经不住一次关于食品安全的负面报道的打击。当年的"三鹿"曾经是中国消费者最认可的奶业品牌,被认定为"中国驰名商标",产品畅销全国。2006年"三鹿"还位居国际知名杂志《福布斯》评选的"中国顶尖企业百强"乳品行业第一位。中国品牌资产评价中心曾评定"三鹿"的品牌价值达149.07亿元。在2008年,全国各地接连爆发婴儿集中患有"双肾多发性结石"和"输尿管结石"的罕见病症。经调查,这些婴儿都食用了三鹿奶粉。最终确认,该事件是由于不法奶农为获取更多的利润向鲜牛奶中掺入化工原料三聚氰胺,以提高牛奶检测中的氮含量所致。这一负面事件直接导致了三鹿集团有限公司的破产,巨大的品牌价值即刻蒸发无余。这一事件不仅导致了三鹿品牌本身的灭亡,还严重地打击了中国消费者对国产乳业的信任感,使得我们的国民不买国产奶粉,转而到香港、澳门地区或者海外购买外国奶业品牌的产品。直到如今,我们对中国奶业品牌的信心还没能从这一事件造成的痛感和阴影中完全恢复过来。

由此可见实用价值是品牌接受的基石。"中国制造"要走向"精品制造"的第一步就是先生产出品质足够可靠的产品,这样才能让中国消费者建立起对国货的信心。

(二) 文化联想

如果说实用价值是品牌的"形",那么文化联想就是品牌的"神"。达·芬奇创作的名画《蒙娜丽莎》之所以几百年来享誉世界,就在于达·芬奇不仅刻画了人物美丽的外形,还通过神乎其神的高超技艺为人物赋予了丰富的情感,达到神韵之境,让人着迷。在现实生活中,一个人如果只是有俊美的样貌、挺拔的身材,恐怕还不足以让我们产生特别的好感,但如果他表现出非常好的涵养和学识,那么他一定会给人留下美好的印象。我们做品牌就如创作艺术作品和做人一样,形神兼备才具有生命力。

文化联想是品牌的灵魂,也就是我们上面所强调的"神"。产品的设计、性能、消费体验及其背后的传统文化、地缘文化、历史积淀、价值观念等都会让人产生丰富的文化联想。

中国木梳品牌"谭木匠"以生产梳理用品成功上市,不仅在中国各大城市的黄金地段开了很多连锁店,还把门店开到了马来西亚、韩国、德国、美国和新加坡等国家。梳子对我们来说,就是一件普通的日常生活用品,大街小巷的货摊上常常见到梳子的身影。谭木匠究竟有什么魔力能把梳子做得这么贵还这么受欢迎呢?原因就在于谭木匠不仅仅是做梳子,而是将诸多文化融入了产品之中。

首先,谭木匠将中国传统的木匠文化发挥到极致。"谭木匠"这一品牌名称本身就带着深刻的传统文化烙印。在行业名称"木匠"前冠以姓氏"谭",符合中国传统商号的命名习惯,读起来沧桑厚实。[①] 看到谭木匠的招牌或者听到这个名字,我们都会不自觉地联想到这是中国人做的一个木制品品牌,而且还有很悠久的历史积淀。因为中国传统的木匠文化是我们

---

① 陈培爱. 著名品牌故事 [M]. 厦门:厦门大学出版社,2009:110.

中国人文化元语言的一部分，在这一点上我们有共同的意义空间。

其次，头发文化也是中国传统文化的一部分，"身体发肤，受之父母，不敢毁伤，孝之始也"，《孝经》开宗明义的这句话也正是中国人"头发情结"的源头所在。古代彼此相爱的情人，如果女子把自己的一绺青丝送给男子做定情信物，则形同她已经把身体交给男子。汉族文化中，夫妻成婚时要各取男女双方头上一根头发，合而作一结，象征着夫妻结合，成为"结发夫妻"。《孔雀东南飞》中的"结发同枕席，黄泉共为友"，苏武《留别妻》中的"结发为夫妻，恩爱两不疑"，都是将头发视为爱情信物的表现。在古代，男子送女子梳子，有希望与之"夫妻结发"之意。谭木匠传承了这一文化，把这份情谊赋予在梳子身上，开发了"婚庆梳"，一把雌梳，一把雄梳，放在一起梳齿相依，组成一个心形（见图6-1）。这样一对梳子摆放在谭木匠古色古香的门店里，怎能不引发顾客对爱情的向往和对这对梳子的购买欲望呢？

此外，谭木匠将传统工艺与现代专利抛光技术、插齿技术结合起来，用料考究，具有防静电、保健、顺发等功能。每天用这样一把梳子轻轻梳理秀发，是对头发的一种呵护，也是对自己的一种关爱。表达健康平安的美好愿望也是中华传统文化的特色，因此谭木匠还开发了牡丹、翠竹组成的"花开富贵、竹报平安"系列，传递着浓浓的爱意。

图6-1 谭木匠"婚庆梳"

从谭木匠这个品牌的建设中，我们可以看到即使是最普通的物件，一旦发现其内在的文化意义，并且用品质可靠的产品将这种文化意义呈现出来，这个品牌就有了自己的灵魂，消费者面对这样的品牌能产生美好的文化联想。

（三）品位认同

认识自我是哲学探求的最高目标。在哲学各个流派的争论中，这个目标是统一且不可动摇的。它就像哲学的阿基米德点，是所有思想的固定不变的中心。①古往今来，人们一直没有停下关于"我是谁，从哪儿来，到哪儿去"的追问。人们必须对生命的意义以及自我认同有一个定位和认知。人的社会化过程，同时也是认同的形成和定型的过程。认同使人有了一个本体的支点，它是人们对自己以及与他人的关系的定位。换句话说，在某种意义上，认同是对自己在社会中的某种地位、形象和角色以及与他人关系的性质的接受程度。缺乏这种可接受的认同，人们就陷入认同危机，处在彷徨和焦虑状态。②

在现代化进程中，人们为了各自的追求常常处于不断地流动之中，离开了故土和熟悉的生活圈子，血缘、地缘关系无法再承担人们相互认同的介质。大众传媒的影响又使得人的生活状态出现整齐划一的趋势，难以塑造自我本质的区别，以此来构建自我的独立性。生活距离相近的人，在社会距离上却处于陌生人的状态，因此消费方式成为人们最快捷地认同自我和辨认其他人的主要途径。正如人类学家弗里德曼所说的，"在世界系统范围内的消费总是对认同的消费"。消费方式以及消费所购之物都成为自我证明的一种符号、一种证明。

人是社会性的动物，任何一个人，不仅有与具有某些相同之处的他人相联系的倾向，以及对某一群体的归属感（即群体认同），而且也有对他人进行某种分类和识别的要求（即社会分类），而对"他们"进行社会分类是构建"我们"自己的认同的另一种方式。人们已经意识到，根据衣食

---

① ［德］卡西尔．人论［M］．甘阳，译．上海：上海译文出版社，2004:3.
② 王宁．消费与认同——对消费社会学的一个分析框架的探索［J］．社会学研究，2001(1).

住行方方面面的符号使用有无品位,人们就可对它们的主人予以解读或进行等级、类型的划分。①

因此,品牌还必须能为人们完成自我的品位认同,以及将自己归属于某个圈层承担起指向标的功能。

(四)身份象征

跨过实用价值、文化联想、品位认同这三个维度之后,品牌建设才达到契合消费者最终需求的维度——身份象征。到这一层,才完全符合鲍德里亚在《符号的政治经济学》中所剖析的"符号消费"的特征。我们消费不只是为了获取商品的使用价值,更重要的是对符号的消费。在现代社会里,符号消费具有它的必然性和合理性,它构建了符号化自我,象征着我们的身份。

首先,我们正处在一个"丰盛社会",我们在本书的第一章就指出,中国消费需求的演进是建立在物质不断充裕的基础之上的。鲍德里亚在《消费社会》开篇指出:"今天,在我们的周围,存在着一种由不断增长的物、服务和物质财富所构成的惊人的消费和丰盛现象。"在历史上,贫穷和物资匮乏是普遍存在的现实。18世纪,工业革命使资本主义生产完成了从工场手工业向机器大工业的转变。20世纪中期以后,发达资本主义国家逐渐形成了"福特主义"大规模生产方式,机械化、标准化和自动化的流水线在生产中得到广泛应用,"泰勒制"科学管理理论体系加强了对工人的分工管理,使工人像机器一样高效率地工作,使得企业能以极高的效率生产出更多的商品。加尔布雷思著书《富裕社会》,宣告了"富裕社会"的到来,正像他说的那样,如今普通人在饮食、娱乐、个人交通和休闲方面选择颇多,而一个世纪以前富人也从没有享受过这种生活。②

---

① [英]迈克·费瑟斯通.消费文化与后现代主义[M].刘精明,译.长沙:译林出版社,2000:126.

② [美]约翰·肯尼思·加尔布雷思.富裕社会[M].赵勇,周定瑛,舒小昀,译.南京:江苏人民出版社,2009:2.

在物质匮乏的社会，不存在一个普遍的消费社会，只有与普通人的生活相距非常遥远的贵族才有资格谈消费。但在现在这个"丰盛社会"里，每个人都被裹挟进消费里，以往人们靠出身、职业、品行、学识等来自证身份。现在，我们只能靠符号来自我证明了。就像那句著名的广告语"I shop therefore I am"，你消费什么就证明了自己是什么。消费构建了符号化的自我，象征着自己在社会中的地位、实力等。

有一家摄影公司给女工拍写真，给普通的女工穿上大牌服装、背上大牌包包、化上精致的妆容，结果其写真照堪比明星。阿里公司摄影团队给保洁大爷换装拍的照片中，大爷穿着高级休闲服装，戴着大牌腕表，风范不输明星。原本再普通不过的人，只要穿上一身高级服装，搭配上奢侈品品牌的配饰，便呈现出精英阶层的模样。这就是为什么我们需要消费高级品牌，因为它能最简洁地表明你的身份。

品牌如果要想在市场上获得强大的号召力，就必须能实现象征消费者身份的功能，让别人看到消费品的品牌符号时就能立刻接收和理解消费品主人的身份，完成社会阶层的归类和认可。就像鲍德里亚所揭示的那样：消费和语言一样是一种含义秩序。而这种语言是一种社会方式。[①]现代社会中大多数的消费者只要生存在社会系统里，就基本上都要遵守这一整套的消费秩序。

---

① [法]让·鲍德里亚. 符号政治经济学批判[M]. 夏莹, 译. 南京：南京大学出版社, 2009:77.

第二节 品质为本的实用价值

中国的商业发展虽然没有形成如今的"品牌"概念,但是在悠久的历史长河中,中国企业早就在实践中贯彻了品牌精神。在北宋时期,中国就出现了世界上发现的最早的广告印刷实物——济南刘家功夫针铺的广告铜版。这块铜版第一栏内阴刻楷书"济南刘家功夫针铺"八字;第二栏内中部刻着白兔持杵捣药图案,两侧分别刻有四个楷书阳文,连起来为"认门前白兔儿为记";第三栏内则是七列楷书阳文,每行四字,从右往左,全文为"收买上等钢条,造功夫细针,不误宅院使用,转卖兴贩,别有加饶,请记白"。

从这则老广告中,我们可以看出,中国企业早就有了品牌意识,不仅有自己独家商标——济南刘家功夫针铺,还有标志设计——白兔捣药图,更重要的是,它表明了自己做产品的原则——收买上等钢条,造功夫细针。坚持使用优质的原材料是造好产品、做可信赖品牌的最基本原则。

在中国市场上那些坚守品质,用好原料造好产品的企业得到了消费者的认可,逐渐做成了大品牌。本节以东阿阿胶品牌为例进行阐述,一观中国优秀品牌是如何用好料生产好产品的。

案例:东阿阿胶。

阿胶是一种名贵滋补品,传承3000多年,文化底蕴极其丰厚。阿胶被最早的医药经典《神农本草经》列为滋补上品,《本草纲目》称其为补血圣药。梁·陶弘景《名医别录》记载:"阿胶,出东阿,故曰阿胶。"因此出自山东东阿县的东阿阿胶是正宗阿胶的代名词,从汉唐至明清,东阿阿胶一直是皇家贡品。古往今来,阿胶的功效一直被盛赞。明代江南名士何良俊著诗《思生》赞誉阿胶具有益气养血、滋阴润燥的功效："万病皆由气血生，将相不和非敌攻。一盏阿胶常左右，扶元固本享太平。"名传千古的美人服用阿胶以保青春容颜。《全唐诗·宫词补遗》道破了杨贵妃美肤的秘密："铅华洗尽依丰盈，雨落荷叶珠难停。暗服阿胶不肯道，却说生来为君容。"

到了现代，科学研究和药理实验证明了阿胶确有强大的补血功能，能改善骨髓造血系统，提高红细胞、白细胞、血小板指标；能显著抑制酪氨酸酶活性，从而抑制黑色素产生，提高皮肤细胞自身的 SOD 活性，从而起到美白、抗衰老的作用；还能增强抗氧化酶的活性，降低氧化物的产生，抑制组织器官的退化。对于年老及久病引起的体质虚弱者来说，减轻疲劳、增强体质促进康复、延缓衰老的作用十分显著。此外，还有强健体质、提高免疫力等功效。

因为阿胶神奇的滋补功效符合现代人对健康生活的普遍追求，所以在中国形成了一个巨大的阿胶市场，众多品牌加入其中希望分得一杯羹。目前全国有超过 40 家阿胶生产厂家，除了东阿阿胶品牌之外，还有福牌阿胶、太极阿胶、九芝堂阿胶等品牌，市场上公开销售的阿胶有数百种，2015 年中国阿胶市场产销量约为 6000 吨。

但是巨大的阿胶市场背后却隐藏着深刻的危机。最大的危机就来自于对阿胶原材料的质疑。

我们都知道阿胶只有采用驴皮熬制，才有补血滋阴润燥之功效。但是驴的繁殖比较困难、繁殖周期长、效益低，规模化养殖非常难以实现，这就造成了我国驴存栏量持续下降。国家畜牧统计年鉴显示，我国驴存栏量已由 20 世纪 90 年代的 1100 万头，下滑到目前的 600 万头，并且还在以每年约 30 万头的数量下降。阿胶行业对驴皮的大量需求导致市场上驴皮供不应求，驴皮价格逐年大幅攀升，原料驴皮价格每年以 23% 的速度增长，一张驴皮的价格在 2000 元到 3000 元之间。价格的逐渐攀升使阿胶厂家的生产成本大幅上涨，因此一些黑心商家就采用马皮、骡子皮，甚至猪皮等比较便宜的原材料生产阿胶。一张马皮、骡子皮才 200 元，而猪皮和一些制作皮鞋、皮包剩下的下脚料就更便宜。市场上的阿胶产品可谓是鱼龙混杂,真伪难辨。

目前市场上5000到6000吨的巨大阿胶产量引发了社会对阿胶原料来源的关注和质疑。新华社发文《就这么多的驴皮,哪来5000吨的产量——阿胶原料面对"假冒之问"》,报道阿胶原料造假的情况,指出市场上阿胶产品销售数量与阿胶原料产量不相符的情况,称根据毛驴存栏量、驴皮产量计算,实际能生产出的阿胶制品数量,远少于目前市场上阿胶制品的销售量,市场上的阿胶制品的原料中极有可能掺杂了马皮、骡皮、牛皮等。据阿胶行业专业人士称,按照国内每年正常出栏120万头驴计算,再加上进口驴皮,全年可生产的阿胶总数量也就在3000多吨。全年可供制胶的驴皮,只够满足当前产量的六成左右。

此番报道一出引发了消费者对阿胶产品的怀疑,对阿胶品牌产生了很大的影响。在纷繁复杂的阿胶市场中,东阿阿胶一直占据着行业龙头的地位,成为阿胶品类的代表,这不仅是因为医药典籍中对东阿阿胶正宗地位的认可,更因为东阿阿胶一直以来都对原料严格把关,坚持用好材料生产好产品,才有了今日之地位。

首先是水源,东阿阿胶制造过程中熬制驴皮所需要的水来自东阿地下水。东阿地下水是道地阿胶之"魂"。《名医别录》称"出东阿,故曰阿胶"也有阿胶只有用东阿地下水熬制才能发挥最好功效之因。东阿县地处泰山山脉与太行山脉之间,依黄河,形成了相对独立的东阿水文地质单元。这一独特的地理位置决定了其地下水是由"两山一河"及大气降水经过层层渗透与过滤汇集而成。这种得天独厚的条件,造就了东阿阿胶优质的水源地。化学研究显示,东阿地下水为岩溶地下水,相对密度1.0038,属低矿化度、重碳酸型饮用水,富含锌、铁、钙、镁等有益微量元素及适量的矿物质元素,能达到锌型、偏硅酸型、锶型等天然饮用矿泉水的标准。

用这种富含游离态矿物质的"圣水"炼制阿胶,其稳定性能好,加热后不结垢,易于分离其中的杂质,胶质纯正、色如琥珀。阿胶被服用后,水中的大量矿物质可助药性快速散发。这是东阿阿胶区别于其他阿胶的根本所在，异地无法复制、无法替代。国医大师王绵之曾对阿胶有着这样的评价：阿胶就是阿胶，它是因得到阿井水炼制而成，驴皮胶就是驴皮胶，它们是有区别的。阿胶是天赐的，东阿水是合成得不到的，没有此水，就没有阿胶。北魏郦道元《水经注》中记载："东阿有井大如轮，深六七丈，岁常煮胶以贡天府。"唐代的《元和郡县志》也记载，太宗派遣大将尉迟恭到东阿县，修缮并封存阿井，只有官家才可以启封而取水，炼胶进贡。北宋沈括《梦溪笔谈》中记载："东阿亦济水所经,取井水熬胶,谓之阿胶。"可以看出东阿水是东阿阿胶非常关键的一种原料。

东阿阿胶关键的原料就是驴皮，这是阿胶之"本"。为了保证100%的纯正驴皮原料，东阿阿胶在新疆、内蒙古、甘肃、辽宁、云南、山东等地自建了20个标准化养驴示范基地、1个天龙驴产业研究院、1个中国驴产业网，从源头上确保产品原料道地性。这在阿胶行业中是绝无仅有的大手笔。

东阿阿胶在原料基地与政府合作，广泛建立良种驴育种中心和良种驴改良站，通过实施配种登记、疫病防治、养殖指导、死亡登记和后裔测定等科学工程，使原料基地所在地区的驴成为可追溯的、有档案的家畜，在药物残留等方面达到绿色食品标准。原料基地收购符合要求的肉驴后，通过实施标准的屠宰、分割、剥皮、晾晒等流程，并经过严格的卫生保护措施，进行储藏、运输，最终向东阿阿胶提供质量可追溯的、符合国家中药材GAP要求的驴皮，实现阿胶原料的标准化生产，保障阿胶的质量。

为了生产出更高质量的阿胶，东阿阿胶投资繁育良种毛驴。在内蒙古建有全国唯一的乌驴育种基地。乌驴全身乌黑，是制作阿胶的上等原料。明代伟大的医药学家李时珍在《本草纲目》中记载："其胶以乌驴皮得阿井水煎成乃佳尔。"除内蒙古乌驴育种基地，东阿阿胶还投资了东阿黑毛驴繁育中心，通过良种推广、技术研发等推动全国毛驴改良；推进"毛驴活体循环开发"，拉动毛驴价值提升。在黑毛驴繁育中心，每一头黑毛驴都拥有自己单独的"房间"，工作人员会定期对其取精，对质量比较高的黑驴精子进行冷冻保存，以保障从这里出生的每一头黑驴都是健康的良种繁育。

为了保证消费者可以监测查询所购买的东阿阿胶原料是否安全可靠，东阿阿胶还运用了"全过程可追溯"的物联网模式，通过物联网技术在毛驴体内植入芯片，给每头毛驴一个"身份证"，构建阿胶原料药材驴皮溯源系统，通过无线射频识别（RFID）技术，记录每头驴从出生到进入阿胶生产线全过程，确保药材道地。此外，东阿阿胶还将DNA分子鉴定技术应用到驴皮原料把控、阿胶成品检测中。消费者通过DNA查询系统，输入产品批号，可查询到成品对应的"DNA检测报告"。DNA全检为阿胶生产从源头的原材料质量把控到产品质量鉴定建立了技术保障体系，打消了消费者对产品原料的怀疑，增强了消费者对东阿阿胶的信任感。

这种对产品原料近乎苛刻的把控打造了安全放心、无可挑剔的阿胶产品。东阿阿胶在当年出口日本时，日本检测人员进行了包括农残、重金属、兽药农残等方面的842种严格的检测，检测结果都是零检出。这一点让日方检测人员都大为吃惊。

高品质的背后是东阿阿胶人对品质的超高要求，他们在国家标准只有4项的时候，自己制定了30多项标准；国家标准达到十几项的时候，东阿阿胶制定了一百多项标准。东阿阿胶CEO秦玉峰朴实地说："我们做这些时还真没想到品牌怎么塑造，其实就想着保证阿胶的质量。"

简单的一句话道出了东阿阿胶品牌的初心，对原材料的严格把关成就了成功的品牌，赢得了消费者对东阿阿胶品牌独有的信赖。秦玉峰说："'寿人济世'是中药企业的道德底线，是东阿阿胶秉持的使命和文化。"其中，'寿人'就是要做'地道'产品，追求最高质量和安全有效，使人健康长寿；'济世'就是要做'厚道'企业，除了以敬畏之心提供好产品外，还要有悲天悯人的情怀。"秦玉峰经常挂在嘴边的一句话是"质量是生产制造出来的，不是检测出来的"。正是因为如此，东阿阿胶人才会紧抓质量不放松。"东阿阿胶人做阿胶，充满着敬畏感、使命感和荣誉感。作为国家级非物质文化遗产的载体和传承者，东阿阿胶始终以振兴中医中药、弘扬民族文化为己任，坚定不移地走品质、品牌之路，引领和推动了东阿阿胶从边缘化小品类成为滋补养生知名品牌。"

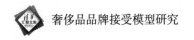
奢侈品品牌接受模型研究

第三节　经典时尚的文化联想

中国五千年源远流长的历史孕育了独特而又丰富多彩的传统文化。这种文化融入我们生活的方方面面，包括文字、语言、音乐、书法、民俗、节日、服饰、礼仪、饮食等。时代变迁，尽管传承至今的传统文化的内容和形式已经发生了许多改变，但它的精髓依然流淌在我们中国人的血液中，成为中华文化的传统经典，牵动着我们对传统生活方式的一种留恋和向往。

在阐述品质革命四维坐标中的文化联想维度时，我们介绍了梳理用品品牌谭木匠充分挖掘了传统经典的木匠文化和头发文化，并把中国人对于美满婚姻和健康平安的美好愿望通过设计注入产品中。因此，谭木匠的一把木梳不仅具有保健、顺发等功能，其古朴的用料和传统的工艺以及典雅的设计都激发着人们产生文化联想，让人感受到一份淳朴和情意。

传统经典的民族文化是我们无穷的宝藏，蕴含着传统经典文化的品牌具有生生不息的生命力。第二届中国自主品牌峰会上评比中国自主品牌时专设一个行业就是"传统文化产业类"，可见中国传统经典文化在塑造品牌方面的强大能量。在这一节，我们讲解内联升背后的传统经典文化内涵。

案例：内联升。

内联升始创于公元1853年（清咸丰三年），总店坐落在繁华的前门大栅栏商业街，以生产制作千层底布鞋而闻名中外，有"中国布鞋第一家"之美誉。过去老北京流传着一个说法，"头顶马聚源，脚踩内联升，身穿瑞蚨祥，腰缠四大恒"。这里的"脚踩内联升"就说的是当年的老字号，如今的布鞋品牌内联升。

内联升这个品牌历经一百多年的洗礼，有着深厚的历史积淀。它的名字蕴含着这个老字号独特的定位,"内"指的是大内即宫廷,"联升"意指顾客穿上此店制作的朝靴,可以在朝廷官运亨通,连升三级。这是它的创始人赵廷为自己制作的鞋寻找到的定位。赵廷从十几岁就在京城一家制鞋作坊学做鞋,由于悟性极高,很快便学得一身好手艺。他机缘巧合地结识了京城一位官员丁将军,并通过丁将军接触到许多朝中官员,言谈中得知官员对现有朝靴制作商铺颇有不满,而赵廷恰有此手艺,因此赵廷决定利用自己的手艺专营朝靴。按此经营目标,赵廷经过一番苦心思索为鞋店取名"内联升"。这个店名颇合官员们希望升官的心理。

赵廷的制鞋手艺精湛,用料讲究。穿上内联升做的朝靴,脚感舒适、轻巧,走路无声,既显庄重又有气派。因此,内联升的朝靴一时间受到皇亲国戚、达官贵人的追捧。洋务大臣李鸿章、两广总督刘长佑、恭亲王奕䜣等都成了内联升的主顾。甚至宣统皇帝溥仪在太和殿登基时穿的龙靴,也是内联升做好后送到内务府的。

内联升的朝靴逐渐在达官贵人圈子中口碑相传,京城文武百官买鞋必到内联升,来京官员送礼或自用也会到内联升订购。于是,内联升建立了一本名噪一时的客户档案,将朝中显贵的靴鞋尺码、式样及特殊爱好一一整理记录在册,取名《履中备载》。官员需要朝靴,只需家人到内联升通报一声,内联升自会做好送到府上。

民国期间,内联升适时调整经营方向和产品款式,制作的礼服呢面和缎子面的千层底布鞋,尤其是小牛皮底礼服呢圆口鞋,成为当权新贵、军阀政要、旧朝遗老、富贾豪商等的时尚选择。内联升还扩大服务对象,专门为文化教育界人士、公务人员等群体设计制作缎面小圆口千层底布鞋。在民国初年,一双缎面鞋至少卖三块大洋,值三袋洋面,一般人也是消费不起的。

中华人民共和国成立后,内联升仍然是一流制鞋工艺的代表,受到了国家领导人和文艺界人士及普通百姓的喜爱。毛泽东非常喜爱内联升布鞋。内联升制作了毛主席生前常穿的一个款式,作为毛主席纪念堂里的陈列鞋,同时这双鞋也被国家博物馆收藏。周恩来喜欢穿内联升的千层底小圆口布鞋，一生穿用多双，后来这款鞋也被复制收藏到国家博物馆。邓小平酷爱手工布鞋和手工缝制的软皮底鞋。邓小平正是穿着内联升的手工皮便鞋走过深圳罗湖港口，作了重要的"南方谈话"，让中国"东方风来满眼春"。1997年香港回归前夕，内联升特地为邓小平制作了一双黑色的皮便鞋，希望他能穿上这双鞋踏上回归后的香港土地。内联升人为了纪念小平同志，将这款未能送出的鞋取名为"小平式"。此款鞋也被国家博物馆收藏。

大文豪郭沫若先生一生穿用多双内联升布鞋，不论单鞋、棉鞋都到内联升定做。他还特意给内联升留下墨宝："凭谁踏破天险，助尔攀登高峰。"内联升目前使用的注册商标"内联升"即为郭沫若手书。内联升主打产品千层底礼服呢男式小圆口布鞋，深受京剧表演艺术家袁世海、梅葆玖、谭元寿的喜爱。影坛武打明星成龙，在多部电影中均穿着内联升的千层底小圆口布鞋。因此小圆口布鞋又有"功夫鞋"的别名。

一个多世纪以来，时代变幻，陪伴几十代人走过时光的"内联升"早已成为经典的鞋靴老字号，它设计的鞋子也成为经典款式和一种经典的中国符号。

内联升独家传承百年的制鞋老工艺也铸就了它的经典传奇。从百年前到今天，内联升仍保持着手工制鞋的老工艺。这并非故作姿态，而是内联升人经过试验证明，机械根本达不到内联升对品质的要求。所以，他们坚持传统的手工制鞋工艺。内联升手工制鞋工艺在2008年被列入《国家级非物质文化遗产名录》。其制作工艺独特，选料考究，做工精细，技艺高深，难度大、耗时长。在内联升，手工制作一双千层底布鞋往往需要花费四五天的时间。每道工序都有明确严格、一丝不苟的要求，讲究尺寸、手法、力度和细致，工人的每个动作都要求干净、利落、准确。内联升纳制布鞋鞋底要严格遵守每平方寸要纳九九八十一针的技术标准，不管横看、竖看、斜看，针脚都得是一条直线。一双最普通的"一字底"要纳2100针，"十字底"就是4200针。制作一双完整的布鞋需要90余道工序，整个制鞋过程使用的工具达40多种。这些技艺是机器无法代替的。传统的工艺让内联升制作的鞋不同于一般流水线所生产出来的商品，内联升的鞋有着匠人们双手摩挲的温度，以及无法复刻的私人属性。

在制作工艺的传承上，内联升仍保持着传统的师传徒的老模式，"师徒相继，技艺长存"。由技艺高超的老师傅带领徒弟，师傅通过口传心授，将自己的制鞋经验、窍门教给徒弟，徒弟通过体会、理解，在实践中继承师傅的技艺，从而一代一代传承下去。内联升的学徒需要三年多才能出师。每位徒弟都记得师傅"领进门"时谆谆教诲的内联升"五为"师训——"工必为之纯，品必为之精，业必为之勤，行必为之恭，信必为之诚"，这是一份传承了百年的道德与技艺的坚守。"国家级千层底制作技艺代表传承人"何凯英如今是内联升的老师傅，他手下带着三个徒弟。他说，内联升的鞋有三个必备特点：手工纳制的千层底、手工绱鞋和使用纯天然材料。鞋底、鞋面都用精选的纯棉、纯麻、纯毛和丝绸，就连粘鞋底的糨糊都是高筋粉调制的。"做鞋必须'三道弯'，腰弯、脖子弯、腿弯，这样才能抵得上劲儿。"坐在小板凳上绱鞋，何凯英一坐就是数小时，一针一线皆有章法。内联升传承的不仅是中国经典的老工艺，也传递着中国人的精气神。

在时尚潮流一波接着一波的现代社会，内联升的手工老布鞋仍然长盛不衰，这是因为它承载着中国经典的鞋文化。首先，手工布鞋代表着一种健康和回归自然的生活方式。手工布鞋吸汗、透气、穿着舒适。一双合适的手工布鞋还可以按摩脚底的穴位，保养身体。穿着老布鞋的中式生活和穿皮鞋、西装的西式生活是不同的。我们东方人更欣赏的是一种回归自然的生活方式。近些年来，人们崇尚自然和健康的生活理念，怀旧成为一种趋势。穿一双手工老布鞋再搭配中式服装，是现在的一种时尚。

其次，手工布鞋传承着一种"家"文化。以往，物质条件没那么好的时候，我们穿的都是家人缝制的布鞋。母亲在春节前夕熬夜为孩子们赶制过新年穿的新布鞋。那时候妈妈们聚在一起一边搓麻绳、纳鞋底，一边闲聊着孩子和家庭琐事，这种情景非常普遍，也是深深印刻在心里的一份记忆。一双双布鞋充满了浓浓的母子亲情。如今，家里自己做鞋的已经不多见了，大家都习惯了买流水线生产的鞋子。这样一双鞋穿在脚上再也感受不到那份沉甸甸让人温暖的情感了。所以，手工布鞋传承的是一种中国人最在乎的"家"文化。

最后,手工布鞋记载着中华民族的民俗文化和民间的审美情趣。手工布鞋往往将布鞋和刺绣文化结合在一起,在布鞋上绣上丰富的纹饰。这种刺绣文化表现了东方唯美的审美风尚。刺绣的纹样一般都是围绕地域民俗文化展开,寄寓美好吉祥的祝福。龙纹、凤纹、云纹、虎纹等常见的纹样,表达了人们对未来生活的美好期望和对生命的赞歌。此外,以动植物自然形态为原型的绣花也是布鞋刺绣中常见的纹样,如牡丹、荷花、茉莉、桃花等。这种纹饰自然、精美、华丽,富有浪漫色彩和民族特点。[①] 东方写意的审美在其中表现得淋漓尽致,我们可以从中感受到民间艺术和生活的交融,以及广大劳动人民通过独特的审美情趣表达美好憧憬。作为经典的手工布鞋品牌,内联升不但传承了这份东方审美,还将这种东方审美和现代时尚结合起来,在经典中创新,更贴合现代人的需求。比如,内联升将脸谱、民族、水墨、大秦、青花等传统元素融入设计简洁、线条流畅的现代鞋型,将现代流行的撞色与拼接、豹纹与蛇皮,还有颇受年轻人喜爱的迪士尼形象与传统布鞋结合打造出现代经典布鞋,传递着这个时代的审美观,完成了传统与现代的巧妙结合。

浓厚的历史积淀、经典的款式、独家传承的百年工艺和蕴含在老布鞋中的经典鞋文化为百年品牌"内联升"注入了丰富的经典内涵。一双内联升手工布鞋不仅是舒适的鞋,还是独一无二的中国符号,牵动着我们中国人的一份情感,也向世界传递着东方审美文化。

---

① 张翔. 民间布鞋文化在现代鞋品中的创新应用 [J]. 河南科技学院学报,2014(3):64-67.

第四节 圈层归属的品位认同

我们在前面谈到现代社会中的人作为社会性的动物,不仅有与具有某些相同之处的他人相联系的倾向,以及对某一群体的归属感(即群体认同),而且也有对他人进行某种分类和识别的要求(即社会分类)。事实上,对"他们"进行社会分类也就是构建"我们"自己的认同的另一种方式。

我们绝大多数的人都需要某种圈层群体的归属感,真正"遗世而独立"的人是非常少的。我们原来那些靠天然的地缘和血缘建立起来的关系和归属感面临着新的考验。来来往往的陌生人社会,我们靠什么来将自己划归到某个群体圈层,完成自我的认同呢?

众多对消费社会卓有研究的学者都深刻地揭示出,如今我们生活的空间正在成为一个符号空间或意义空间。正如鲍德里亚指出的,现代社会的消费实际上已经超出实际需求的满足,变成了符号化的物品、符号化的服务中所蕴含的"意义"的消费。[1]饮食、居住、服装、休闲等方面的消费无不和令人憧憬的某种格调、身份和地位发生联系,消费的符号化和象征化的确成了我们这个时代的一大特色。[2]人们已经意识到,根据衣食住行方方面面的符号使用有无品位,人们就可对它们的主人予以解读或进行等级、类型的划分。[3]

在消费社会中,最具有辨识度和感召力的符号即为"品牌符号",一

---

[1] [法]鲍德里亚. 消费社会的神话与结构 [M]. 日译本1版. 东京:伊纪国屋书店,1979:107.
[2] 郭庆光. 传播学教程. 第二版 [M]. 北京:中国人民大学出版社,2012:46.
[3] [英]迈克·费瑟斯通. 消费文化与后现代主义 [M]. 刘精明,译. 长沙:译林出版社,2000:126.

个品牌标志符号胜过千言万语关于"我是谁"的自辩。以汽车品牌来说，世界各国，几乎没有人不知晓"奔驰""宝马"这两个品牌符号。在中国，这两个符号通常都肩负着划归某人所属阶层的功能。比如，某著名电视相亲节目上某位女嘉宾的相亲宣言便是"宁可坐在宝马车里哭，也不坐在自行车上笑"。这句话瞬时红遍网络，某些女性也被贴上了"宝马女"的标签。而某些新闻媒体在报道交通事故事件时，如果涉事一方是开着宝马等豪华车时，新闻标题往往就被拟成"宝马车与……"，以宝马车代表一个阶层，煽起社会大众的一种情绪，至于真正肇事的原因则往往被人们忽略。在这里我们看到，品牌符号承担着将人们归属于某个群体和圈层的功能。一个人如果想跻身某个圈层，比如要和客户谈判做生意，却没有一辆拿得出手的车，那别人就可能会怀疑你的实力到底如何。

可见，在现代社会，品牌符号在人们的自我认同、划归自己所属圈层上有指向标的功能。衣、食、用、住、行等各方面的消费无不涉及符号意义，无不在符号上展示着自己的圈层和品位。企业善用的几种赋予品牌品位和划归其所属圈层的方法有：名人元素的应用、与国际大牌合作、高定价策略、创办高端体验中心、借助国际大型赛事展现形象等。一个品牌往往不会单独使用某一种方法，而是几种方法组合应用，但是在使用上可能偏重某个维度。

案例：方太。

方太自1996年建企之初便确立了"高端厨电"这一鲜明的品牌定位，专注于高端嵌入式厨房电器和集成厨房产品的研发与制造，致力于为追求高品质生活的人们提供设计领先、人性化的厨电产品。不管这些年厨电行业如何变迁，方太的品牌理念始终没有改变。方太是极少数在高端市场击败了"洋品牌"的民族企业，在高端厨电市场的市场占有率近50%。经过多年的发展，方太已经成为高端厨电、卓越设计与品质的代名词。

而伴随着更加人性化的消费市场的来临，品牌与消费者的沟通不能只简单通过产品本身来传达，而是需要在一定的场景中，去传递一种生活方式和价值观念。以方太油烟机产品为例,如果只向消费者介绍它的专利技术、吸烟效果等性能因素,那消费者肯定听着如坠云雾,难以产生心动的感觉。在保持高质量技术研发的基础上,方太所做的大量工作就是建立与消费者的互动关系,让消费者真实体验和感受到方太所提倡的高品质生活方式。

方太打造了一个O2O线上与线下结合的生活体验平台,称为"方太生活家"。其中线上部分,拥有线上App、微信、网站,可以实现在线预约方太烹饪课程,还可以分享自己制作美食的体验等。这里汇集了大量方太的精准粉丝和产品用户,还有很多美食爱好者。线下部分则是方太在全国各地建立的"城市体验中心",拥有几百至几千平方米的独立展示空间,将方太的多种高端产品融入其中,并全面开启烹饪教室、名品品鉴、美食讲座等多种线下体验活动。

随着社会的发展,厨房作为饮食文化的载体,日渐凸显出其在现代家庭中的核心地位,厨房传达的已不仅仅是空间的概念,更是生活方式的延伸。作为"中国高端厨电专家与领导者",方太每推出一款新产品,便向消费者展现出厨房生活各种新的可能性。方太集团总裁茅忠群多次表示,方太希望将"健康生活"带给消费者,而不仅是厨房电器。因此,将厨电产品体验空间和烹饪体验、美食文化及社交空间融合,是这一战略思维下的重要命题。

为此,方太精心打造的"FOTILE STYLE方太顶级厨电馆"在上海桃江路落地。FOTILE STYLE是一个集厨电展示、主题沙龙、VIP会所功能于一体的全球最大的顶级厨电馆,方太试图为那些热爱生活的人们展示高端厨房生活梦想。在这里可以体验前瞻领先的厨电科技与嵌入式顶级厨电杰作,体验自然清新的花园厨房,体验"2050未来厨房生活",体验养生和尊贵的私厨美食,体验在烹饪教室学习厨艺的乐趣,体验"咖啡吧"的写意与轻松,体验小型沙龙的文化与艺术氛围等。FOTILE STYLE是方太"专业、高端、负责"品牌内涵的完美诠释,是方太倡导的高品质生活的真实呈现。FOTILE STYLE不仅是中国顶级厨电产品展馆,更是中国高品质生活方式的样板。甚至连FOTILE STYLE的选址都与方太这一初心相吻合。茅忠群介绍，之所以选址上海桃江路8号作为第一家全球方太顶级厨电馆，是因为桃江路是一条有历史、有故事、有文化底蕴的老路，其周边有很多名人旧居。桃江路就意味着一种精致内敛、低调奢华的气质和生活方式，这与方太所倡导的生活方式在很多方面不谋而合。①

2015年短短一年时间，方太在全国近100个城市建设了多个"方太生活家"体验店。2016年，方太在北京春秀路开设一间超大规模的体验馆，总面积达3000平方米，是几十家线下体验馆中规模最大，最高端的一家。在这里，用户随时会看到方太最新款产品的展示，而在展示区尽头是带花园的角落书吧。沿楼梯上第二层是烹饪教室、未来厨房及O2O体验区，可以进行美食社交活动。三层主要是私厨会、多功能厅及内部办公区。整个体验馆，让人感觉格调甚高。

当我们打开方太线上App或者微信、官网，就可以看到最新的线下体验活动，比如上海桃江路这家店某月的活动安排有学习冬日烤蔬菜沙拉、家常手工意大利饺、传统意大利凤尾鱼粗管面和学习法式鹅肝小薄饼、三文鱼小薄饼、火焰可丽饼；北京在这个月的活动则有学习牛肉配秘制酱汁、经典凯撒沙拉配烟熏三文鱼、意式海鲜汤和学习圣诞树根蛋糕、圣诞饼干彩绘等。方太全国各地的体验馆都会相应筹划开展这类活动。2015年全国体验店平均每周活动超过50场，参与人数多达6000余人。

方太体验馆的活动一直都保持着高品位与高格调，就像上面所列举的那些活动，无不散发着精致生活的魅力。就连烹饪视频课，也是邀请全国顶尖的烹饪大师把他们最得意之作拿出来传授给大家，包括曾经让美国前总统克林顿赞不绝口的果味牛肉、源自清代宫廷慈禧太后六十大寿寿宴上的名菜——百鸟朝凤和充满异域情调的地中海风味的美食等。方太通过这种高品质生活吸引那些倾心于这种生活方式的用户，双方在互动中相互认同，融入了彼此的圈层。

除了创办线上线下体验中心，方太还搭上了热播的美食节目的顺风

---

① 小天. 烹小鲜如治大国 方太顶级厨电馆倡导高品质生活[J]. 家用电器，2012(2)：46-47.

车，由一众明星为大家演示着方太厨电高品质生活的样貌。毕竟并非所有消费者都有精力和实力去参与方太的高端线上线下活动，但我们都可以通过观看美食节目，虚拟体验方太的厨电产品。

2014年，方太与谢霆锋主持的美食综艺节目《十二道锋味》的合作可谓是厨电与明星的一次完美牵手。《十二道锋味》是由浙江卫视、英皇娱乐、蓝天下传媒联合制作推出，由偶像明星谢霆锋做主厨的美食节目。在环球之旅中，谢霆锋邀请明星艺人，一同和他寻找世界各地美食，体味美食的故事，而方太就成为隐藏在谢霆锋背后的另一位"厨神"。谢霆锋对梦想的追求和全情投入、精湛的拍摄、顶尖的制作和巨星云集的阵容，以及对美食本身极大的尊重让方太觉得二者品位颇为相投，所以选择与该节目联手，共同打造这一饕餮盛宴。在节目中，谢霆锋展现其高超而又严谨的厨艺时，方太是他的好帮手，这无形中也带领观众们一起体验了用方太厨电打造高品质生活的感觉。

《拜托了冰箱》是方太2016年合作的一档网络美食节目。该节目是腾讯视频独家版权引进韩国JIBC电视台出品的一档明星美食脱口秀节目，每一期有两位明星大咖和自己的冰箱一起来到节目现场，通过揭秘冰箱展现主人的性格，并且节目要求两位高级主厨利用明星冰箱食材进行15分钟创意料理对决。节目的最后15分钟就是方太厨电的展现时刻。他们会自然地流露出用方太厨电制作美食的感受，比如2016年6月1日这期节目就是在方太上海厨电体验馆"FOTILE STYLE"录制的，明星们一边体验着方太的新款产品，一边赞叹道"方太的灶特别适合中式料理""方太厨房给我们的感觉就是巨想给大家做菜"等，让隔着屏幕的我们都仿佛体验到了用方太厨电做菜的极致享受。

在关注度颇高的《极限挑战》综艺节目中，方太也曾光彩亮相。在节目中，方太植入了2分钟的炒辣椒任务，由节目嘉宾王迅炒辣椒，体现方太油烟机"四面八方不跑烟"的强效功能。王迅一边翻炒着半锅红辣椒，一边连连赞叹："这个抽油烟机效果真的是好啊，感觉不到油烟的，这么多辣椒，如果抽油烟机效果不好的话，那这个时候我已经说不出话了，（现在）一点都不辣，油烟完全消失掉了。"方太趁着节目播出后炒辣椒环节的延续性热度，召集了多名网络红人极限挑战明星，并借助直播平台号召全民一起参与挑战炒辣椒。最终，方太推出了《全民开挑，到底谁敢挑战油烟机极限》的视频，在各大视频网站都获得了不俗的点击率，短短三天就有6000多万的播放量。这场电视节目与观众的共同体验，让大家都感受了一把方太厨电的卓越品质。

　　线上线下的实际体验和美食节目的虚拟示范体验，共同传递着方太打造高品质生活的理念。选择方太，就是选择一种有格调、有品位、精致奢华的生活方式。在这种"润物细无声"的体验中，精英群体在这里找到了归属感。

第五节　至尊形象的身份象征

　　从人性上来说，我们都渴望在社会中获得尊重，渴望在社会上占据优势地位，很多人更是渴求着能享受一种至尊地位带来的优越感。马斯洛需求层次理论最高两层是尊重的需求和自我实现的需求，说的也就是个人需要获得自我地位的认可。过去千百年来，很多社会维持着森严的社会等级，以出身、家族世袭地位、职业来严格划分社会阶层；而现在，人们有了新的标准，那就是以"财富论英雄"。[①] 在现代社会中，人的主体性身份构建直接依赖于他人、他物。人与物的关系在消费社会的个性身份构建中显得尤为重要。商品消费是一个公开展示的过程，恰恰就是这个视觉化过程认可并传递着商品所具有的意义、价值和区分性。由此，个体寻找到了特

---

①　[印]查哈，[英]赫斯本. 名牌至上：亚洲奢侈品狂热解密[M]. 王秀平，顾晨曦，译. 北京：新星出版社，2010：2-3.

定社会秩序和结构中的位置,而商品则通过分层化的社会结构为每个人保留一个确定的位置。商品本身就是充满了价值、意义和等级位置的标志物,以为人们提供自我身份认同的定位点。①

费瑟斯通指出,消费文化并未使低贱的物质主义遮蔽了所有的神圣性②。物质本身成为神圣性的所在,从单纯的物质使用价值上构建了高贵的、独特的符号价值。这些符号是我们获得至尊形象的身份象征的工具。近些年,中国成为世界上奢侈品消费量最大的国家之一,这正是因为奢侈品符号能够最直接地象征着身份,最简洁地显示出社会地位。

中国本土品牌中能担此大任的虽然不多,但也有一些品牌在中国市场乃至在国际市场上能够成为消费者的身份象征,表征消费者的至尊形象,比如广州"例外(EXCEPTION de MIXMIND)"服饰、"LAN"珠宝、大连"创世(TRANDS)"男装等。这些品牌通过不同的途径一步步走上了巅峰,成为消费者心中的至尊符号。

案例:LAN 珠宝。

莎士比亚说:"珠宝沉默不语,却比任何语言更能打动女人心。"珠宝与女人有着天生不舍的情缘,没有哪位女人不爱珠宝。当一位有品位的女人遇见一款精美脱俗的珠宝,两者便情投意合产生惺惺相惜的情意。女人因珠宝的点缀而光彩夺目,珠宝也因女人的美丽而有了生机和灵性。中国女人也不例外,对于珠宝同样是充满着渴望与向往。而且,中国自古以来就有着丰富的珠宝文化,比如玉石文化、彩宝文化和珍珠文化等。尤其玉石文化,对中华文化产生了巨大的影响,不仅影响了古人的思想观念,也深深植根于中国人的精神生活中,各种精美的玉石象征着吉祥如意、润泽以温、"宁为玉碎"的高尚气节、"化为玉帛"的和谐风尚等。

---

① 严亚. 视觉时代的主体性身份建构与品牌象征[J]. 中南大学学报(社会科学版),2012(6):174-177.
② [英]迈克·费瑟斯通. 消费文化与后现代主义[M]. 刘精明,译. 长沙:译林出版社,2000:177.

只是，近代以来中国的珠宝文化出现了一个断层，没有延续往日的辉煌。以至于，如今谈起世界知名的珠宝品牌，我们会自然地想到法国的卡地亚、美国的蒂芙尼、意大利的宝格丽等高端品牌，却对中国本土的高端珠宝品牌有些所知不多。在这种情况下，有一位"东方女人"的代表人物站了出来，创办了中国首家高级定制珠宝品牌——LAN，她就是杨澜女士。

杨澜，一位在中国家喻户晓的名人，一个全球皆知的"东方女人"。她身上光耀炫目的头衔多得不可胜数，电视节目主持人、传媒企业家、畅销书作家、慈善家等。1990年，刚从大学毕业的杨澜顺利地入职中央电视台，成为新节目《正大综艺》的主持人，从此走进广大观众的视线。虽然不是主持专业出身，但杨澜凭借着扎实的知识功底和独特的个人气质赢得了观众的喜爱。四年后，年轻的她就一举拿下中国首届主持人"金话筒奖"，成为当红主持人。然而，杨澜却在此时，急流勇退辞去央视的工作，转身到了美国哥伦比亚大学留学。在1997年出版的自传《凭海临风》中，她说："我最反感'杨柳岸，晓风残月'式的伤感，最向往'左牵黄，右擎苍，锦帽貂裘，千骑卷平冈'的豪情。"正是这种豪情，让她毅然作出了生命中数次重大的选择，或远走他乡，或另辟战场，让自己的生命始终保持着扶摇直上的状态。

真正让杨澜名声大噪的是她毕业回国后主持的《杨澜访谈录》节目。这是中国电视第一个深度高端访谈节目，杨澜秉承着"记录时代的精神印记"的理念，在节目里对话全球800多位政界、商界、文艺界等各领域的精英翘楚，包括曾荫权、克林顿、老布什、巴菲特、比尔·盖茨、林毅夫、吕克·贝松等全球知名人物。正是在这个节目中，杨澜充分展现出了典型的"东方女人"形象，谦和、端庄、从容、睿智、理性、练达、明艳，宜静宜动、简约精致、魅力逼人。在中国人眼中，她是知性女人的典范；在外国人眼里，她代表了风姿绰约又古典神秘的东方气质。她的这种魅力来自于她不仅是一个事业成功的女性，还是一个好妻子、好妈妈，拥有让人羡慕的爱情和家庭生活。她对待感情、对待家庭的态度也成为现代成熟女性的典范。她把丈夫吴征称为"一直在等的人"，在媒体面前公开表示"老公是我最交心的朋友,只有在他面前,才可以完全袒露自己的软弱和痛苦",享受爱情,成全爱情。在儿女面前,她是一个称职的母亲,不管多忙都抽出时间陪孩子看动画、做游戏、学古文。正是这样,她几乎成了中国各年龄段女性都十分欣赏的榜样,她的美貌、才学、事业、家庭、财富也让人格外艳羡,成为成功女人的代表。

2007年,创办LAN珠宝,杨澜又一次华丽转身,拓展了新的事业版图。谈到创办LAN珠宝品牌的初衷,杨澜说,她其实就是想推动中国原创的珠宝设计。她说,她去过将近40个国家,每到一个国家,她都会去博物馆参观,特别关注历代的珠宝设计,这些设计往往与当地文化有着深刻的联系。杨澜说当她代表更开放的现代中国站在国际舞台上时,她发现很难找到凝聚东方文化身份和现代审美品位的珠宝设计。东方的珠宝文化在时代的变迁中出现了断层。过去我们的珠宝文化主要是以玉、珊瑚、珍珠为主,而现在西方的钻石对珠宝文化产生了很大的影响,钻石在珠宝中的地位越来越重要。热爱东方文化的杨澜深知,蒙尘的并不只是瑰丽千年的中国珠宝文化中那些古老的图腾,我们缺乏的更是一种东方的表达方式,以及传递文化深层的爱与魂。于是,她创建了LAN珠宝,以独特的东方式审美,塑造富于现代感和国际性的高端艺术格调;以深谙精髓的保留与重构,探寻女人与珠宝间的情感认同、个体与时代间的价值共生。

尽管杨澜不亲自担当LAN珠宝的设计工作,但她为LAN珠宝赋予了设计理念和文化内涵。她说:"我不希望一提到东方,就是简单地还原为一个花瓶或一把红木椅子,我觉得东方是一个精神和审美层次的东西。也就是把东方元素融入现代审美与精致的设计风格中。"就这样,一位"东方女人"开始了打造"东方珠宝"之路。到现在为止,LAN珠宝发布的每个精品系列主题都是来源于传统的中国文化元素。比如,"上善若水""珠联璧合""爱的波澜""蕙质兰心""蝶舞""依偎""永恒""挚爱"等。LAN珠宝将独特的东方元素与顶级手工工艺完美结合,打造出了别具神韵、美轮美奂的"东方珠宝"。比如,"珠联璧合"系列巧妙地运用了中国龙元素,而"爱的波澜"系列则将祥云雕琢于戒面之上,"冰钻"系列大胆起用了未经切割的钻石原石晕染出中国水墨画的意境等。

英国国王查尔斯与夫人卡米拉欣喜于LAN珠宝的精美与优雅，收藏了LAN珠宝"珠联璧合"系列臻品。众所周知，英国王室拥有世界上很多尊贵的珠宝典藏，王室成员无不具有独到的珠宝鉴赏品位，能够获得查尔斯夫妇的垂青，无疑为LAN珠宝的面世做了一个高调的铺垫。而LAN珠宝每一次的公开亮相都少不了各界名流的身影，一些知名演艺明星还加入到珠宝设计工作中。

LAN珠宝在各界名流中如此大受欢迎，靠的不只是那一款款令人惊艳的"东方珠宝"，还有杨澜那"东方女人"的独特魅力！

案例：大连创世（TRANDS）男装。

中国消费者喜欢追捧国外高级品牌，这是大家都知道的事情。但是，很多人想不到的是，中国有一个品牌在国外被全球金融圈的顶级人物大为赞赏、倍加推崇。这个品牌就是大连大杨创世公司旗下的高级男装品牌"创世（TRANDS）"（以下简称创世）。而它的头号铁杆粉丝就是经常登上世界首富宝座的"股神"巴菲特。

大连大杨创世股份有限公司创建于1979年，专营各类中高档服装，旗下拥有包括创世在内的4个男装品牌。大杨公司在1995年推出了创世这个高端品牌，专为精英人士设计，代表着中国男装的最高品质。2006年，伊凡诺·加塔林与创世独家签约，担任创世男装首席设计师。他曾任奢侈品品牌阿玛尼的设计师，是享誉国际的意大利男装大师。"创世"从一开始就瞄准了国际高端市场，邀请了很多在国际时装界富有经营经验的人才来为其服务。

但"创世"真正走向国际高端市场始于与巴菲特的结缘。在"巴菲特效应"之前，"创世"并没有登上中国高端男装代表品牌的殿堂，相反，当时它只是一个在东北地区稍有影响力的中端品牌。尽管实际上它的品质早就走向了高端，并在国际上受到了认可。1997年，在巴黎举行的国际名优新产品（技术）博览会上，"创世"凭借一流的品质获得了国际金奖。

然而,"创世"真正走入世界顶级圈子却在20年后。2007年,巴菲特这位重量级大咖成为它的伯乐。当时,巴菲特到大连参加伊斯卡尔金属制品公司一家新工厂的开幕仪式,这是伯克希尔·哈撒韦公司的一笔收购交易。大杨创世全球营销总监大卫·玛格里特的一位朋友在伊斯卡尔的管理层工作。玛格里特找了个机会,建议巴菲特试试"创世"的定制西装。"我进了酒店才5分钟,有两人就冲进我的房间,我还没明白过来,他们就开始把量尺绕到我的大腿上。对我来说,这有点过于亲密了。不过他们把衣服送来后,我没觉得有一点不合身。"巴菲特说。

从此,巴菲特成为"创世"的忠实粉丝,并毫不吝啬对这个品牌的赞赏。他回国之后,还专门致信大杨创世董事长李桂莲女士,对创世量身定制的西装给予高度评价:"这些西装太合身了,太帅了,这样的感觉不曾有过。"在信中,巴菲特还对李女士的非凡成就表示钦佩,"你的创业故事对年轻人很有启示,那就是智慧加奋斗就会成功。"巴菲特对"创世"品牌和它的主人李桂莲女士都表现出极大的热情。他盛情邀请李桂莲女士参加伯克希尔·哈撒韦公司股东年会,并安排与她的私人会面交流,二人建立了一份真诚的友谊。

2009年5月,大杨创世董事长李桂莲女士应邀参加伯克希尔·哈撒韦公司股东年会,并与"股神"沃伦·巴菲特先生单独会面交流。巴菲特为"创世"品牌亲笔题字"三十年卓越,缝制男装新高度"。在三天的活动期间,巴菲特全程穿着创世量身定制的西装,得到好友的交口称赞。巴菲特的好友,包括比尔·盖茨、合伙人查理·芒格、罗斯柴尔德家族成员、可口可乐公司前总裁、以色列首富等都纷纷预订创世量身定制的西装。

2009年8月,李桂莲董事长收到了沃伦·巴菲特先生寄来的一段视频。原来,在伯克希尔·哈撒韦公司的股东年会相聚之后,巴菲特先生得知大杨创世即将迎来创建30周年的庆典,便专门请来摄影师录制了这段视频,表示祝贺。他说:"我要告诉大家,我现在有9套创世的西装,我扔掉了以前所有的西装。我的合伙人查理·芒格、我的律师都穿创世西装,现在比尔·盖茨也穿创世的西服。他们了解李女士的成就,都很喜欢她。事实上，我认为比尔·盖茨和我应该开一家男装店，卖李女士的西装。我们会是出色的推销员，因为我们真的太喜欢创世西装了。我们收到的这些产自中国的西装，从来不需要一点的改动，它们太合身了。已经好久没人夸我的外表了，但自从穿上李女士的西装，我们不断得到朋友们的夸奖。我想比尔·盖茨和我真的应该开一家服装店，卖大杨的西装，说不定我们会更富有。我想借这个机会说：大杨创世30年，真的了不起。我祝愿你们下一个30年再创辉煌。我希望10年后，再回大连，庆祝你们的40周年庆。同时真的希望有机会再和大连的朋友们相聚，和大家共度美好时光。非常感谢李女士，感谢大杨创世为人们树立的典范：在一个人的生命周期里，究竟可以成就怎样的事业。"

巴菲特为"创世"录制的这段视频真正让全世界知道了"巴菲特最爱创世西装"。2009年9月24日，全球最具影响力的报纸——美国《华尔街日报》发表题为《巴菲特爱穿中国西装》的报道，对大杨创世白手起家30年的创业历程给予高度评价。报道称，"现在真正有钱有权的人不再穿意大利顶级男装品牌博洛尼，他们都穿创世"。2009年11月24日，美国有线电视新闻国际频道在黄金时间播出专题报道，对创世品牌大加赞赏，并称："大杨会重新定义中国制造"。

而巴菲特还继续从事着"创世"最称职的"推销员"的工作。2011年4月，伯克希尔·哈撒韦公司2011年股东年会即将开幕。沃伦·巴菲特先生在收到最新定制的西装后，百忙之中再次亲自致信大杨创世董事长李桂莲女士表示感谢。在信中，他写道："在我人生的前76年，家人和朋友总是提醒我该如何改善穿着。而现在大家问我的唯一问题是，'你从哪里买的这些西装，我怎么也能买到'。我已经从一个时尚潮流的落伍者变成了时尚的领导者。十分感谢你为我的衣橱不断增添非常棒的新品。"

2012年5月29日，"股神"沃伦·巴菲特再次通过电子邮件给李桂莲董事长发来感谢信，他在信中写道："完美的版型、完美的外观和完美的感觉出自完美的公司（大杨创世），这次谨送上我对您和贵公司的深深祝福！"在来信附带的照片中，巴菲特先生穿着创世西装，显得精神矍铄，十分开心。

2013年5月3日,大杨创世高管一行应邀赴美出席伯克希尔·哈撒韦公司股东年会。巴菲特先生专门邀请石晓东总经理、胡冬梅副总经理参加私人晚宴和高级早餐会,并表示非常欣赏大杨创世对服装行业的专注。这已是大杨创世第5次受到"股神"沃伦·巴菲特先生的邀请出席这项盛会。

2015年5月1日,沃伦·巴菲特在伯克希尔·哈撒韦股东大会上,再次全程身穿创世西装主持大会,并且在接受中国媒体专访时,毫不吝惜地表达对创世西装的喜爱之情,远隔重洋为创世西装"点赞"。他说:"我大概有20套中国西装,它们都来自Madam Li(李女士),就像你看到的,这是Madam Li的公司。它们穿着非常合身,经常有人称赞这些西装,所以我下半辈子就都只穿中国西装了。"

自从2007年,巴菲特第一次穿上创世西装,他就宣称自己以后只穿创世西装。与巴菲特共进一餐需要花费数百万美元,但他却多年来积极热情地免费担当创世的推销员,毫不掩饰地在各大公开场合盛赞创世。巴菲特无疑是当今世界上最有钱的人,他的一句赞赏可以胜过任何广告。创世与巴菲特的结缘,让它顺利地踏入了世界顶级男装的行列。试想,连世界首富都非常认可的品牌还需要别的什么条件来证明它的地位吗?巴菲特将创世带进了那个全球金字塔顶尖的圈子,像比尔·盖茨、罗斯柴尔德家族成员及以色列首富这些全球金融大亨都因巴菲特对创世西装的钟爱而对这个品牌青睐有加。

一个品牌能受到那些在全球叱咤风云的顶尖人物的赞誉,这自然能吸引众人的目光。因为那些顶尖人物在认可这个品牌的同时,就代表了该品牌能够与其顶尖地位相称,这在无形中为这个品牌赋予了很高的地位。